下寛和 野村総合研究所

Pricing: Strategy & Negotiation

# プライシング 戦略×交渉術

実践・B2Bの値決め手法

日経BP

# はじめに　商いの知恵

私の住んでいる東京のとある街に、行列のできる八百屋がある。新鮮な野菜とフルーツが所狭しと並び、威勢のいい掛け声が通りまで響き渡る。値札には、大特価、超目玉、土曜限定サービスなど、購買意欲を喚起する文字が躍り、タイムセールで値段が頻繁に書き換えられる。入店待ちで外に並ぶ買い物客の姿も通行人の目を引く。週末に客足が途絶えることはない。電車やバスに乗って遠方から足を運ぶ常連も少なくないという。

以前、自動車メーカーに勤めていた際、職場の上司と「八百屋の経営」について語ったことを思い出した。八百屋はどの街にもある身近な存在であるが、ほとんどのビジネスパーソンには経営できない、という結論で意見が一致したのだ。いまは何が旬で、どこの産地のものが美味しくて、いくつ仕入れて、いくらで売るか。原価や店舗の立地も考え、近くのスーパーに負けないよう集客の仕方も工夫しなければならない。完成された箱の中で定型業務をしているメーカーの社員と、明日の存続が保証されない世界で経営の手綱を握る八百屋の経営者。モノを売り、利益を稼ぐための「商いの知恵」に差があることは明確だった。

「商いの知恵」といえば、バザールの商人も忘れてはならない。トルコのイスタンブール、モロッコのマラケシュ、カンボジアのプノンペン。世界にはいくつも有名なバザールがある。そういった場所を訪れたことのある方ならおわかりいただけるであろうが、商品には値札がついていない。彼らは私たちの風貌から懐具合を値踏みし、一人ひとりに対してちがう言い値を提示する。そこから交渉をスタートさせ、こちらの反応を見ながら、言葉巧みに狙った落としどころに誘導するのだ。

人によって商品に感じる価値の大きさ、支払余力がちがうため、値ごろ感が変わるのは当然だ。そのため彼らにとって、すべての人に同じ値段を提示する一物一価の世界は非合理的である。しかし、**値札のついた商品を買うことに慣れた私たちは、いつの間にかそのことを忘れ、誰に対しても最適だといえる一点の価格を射抜くことに終始している。**それではたして企業として利益の最大化が実現できるだろうか。商人の商売の仕方からも、私たちは「商いの知恵」を学びたいところである。

本書は、拙書『プライシングの技法』では十分に触れられなかったB2Bの商品・サービスの値付けを中心に解説する。B2Bの値決めは、企業間の力関係や取引量、価格交渉が絡むため、B2Cよりも複雑で考慮すべきことも多い。取引先によって売り方や交渉の仕方を工夫する必要があり、正解をパターン化しづらいが、特殊なスキルが求められるわけではない。本書でポイントを理解し、それを実行する社内の体制を整えることができれば、明日からでも利益アップにつながる値付けを実践できるのだ。

最近は、フリマアプリの普及によって誰もがモノを売る経験をしている。どの商品をいくらで売るかは自分のさじ加減だ。値段の付け方には個性が出やすい。割と安い値段を設定してすぐに売ろうとする方、強気の値段設定で少しずつ譲歩していく方、それぞれのスタイルに良さはある。

しかし、**企業と企業の取引で狙った利益を達成するためには自社に合った値付けの仕方や売り方に関する方法論を確立し、それを社内に浸透、徹底することが大切である。**本書を一つのきっかけに、これまでのプライシングを見直し、改善できる部分は取り入れることで、読者の皆さんの企業の業績向上や経営体質強化の一助となれば幸いである。

なお、B2Bのプライシングを語るうえで、B2Cの取り組みが参考になる場合も多い。わかりやすさ、イメージのしやすさの観点でも、臨機応変にB2Cの事例や考え方も紹介しながら話を進めたい。

プライシング　戦略×交渉術　目次

## 第2章 なぜうまくいかないのか



## 第3章 B2Bのプライシング成功事例12業界

# 第4章 B2Bの値上げの秘訣①——価値創造編

## 第5章 B2Bの値上げの秘訣②――手札編

# 第6章

# B2Bの値上げの秘訣③——交渉術編

第7章

# プライシングで経営を動かす

# 第1章

# プライシングの夜明け

# 物価高騰で注目の的となったプライシング

## 2つのインフレ

プライシングが注目される局面は大きくわけて2つある。1つは、モノやサービスが売れなくなり、価格を調整して需要を喚起するかどうかを判断するシーン。もう1つは、物価やコストが上昇し、それに追随して価格を引き上げるかどうかを判断するシーンである。前者は、リーマンショックや新型コロナウイルス、後者は消費税の増税やロシアによるウクライナ侵攻が記憶に新しい。

図表1に日本の消費者物価指数の対前年同月比の推移を掲載した。ご覧いただいた通り、物価は一定の周期で上下変動を繰り返している。直近では日米の金利差による円安、ウクライナ侵攻による穀物やエネルギーコストの上昇が物価を押し上げる要因となっている。

**図表1**
**消費者物価指数の推移（全国・前年同月比）**

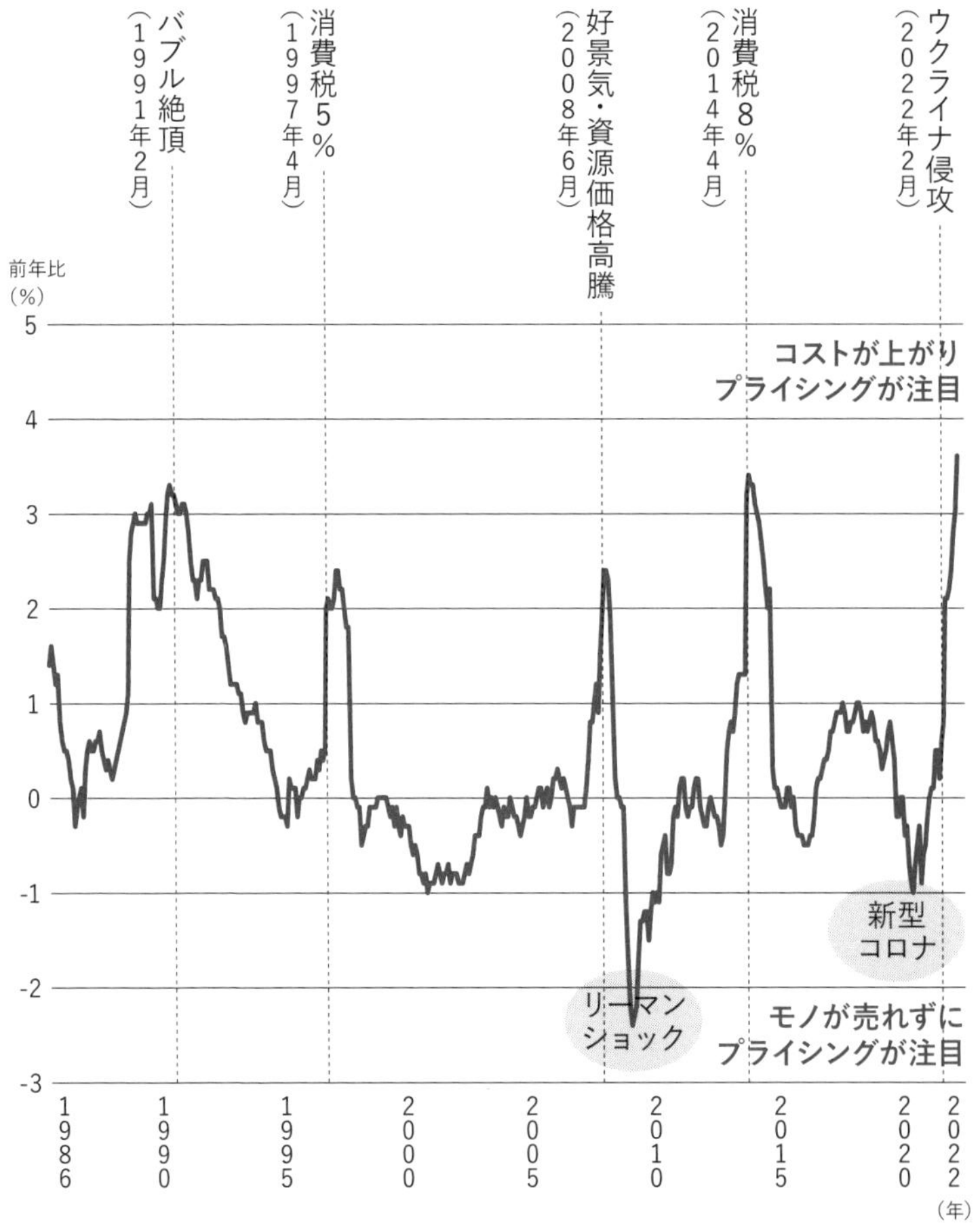


生鮮食品除く総合　出所：総務省統計局

なお、このようなコストプッシュ型のインフレはわるい物価上昇と呼ばれる。というのも、給与の引き上げを伴っていないからだ。賃金が上がらず、物価だけが上がると当然、個人消費は冷え込む。この現象を経済学の世界ではスタグフレーションと呼ぶが、これにより企業の業績は下がり、ますます賃金が上がらなくなる。それがまた個人消費を抑え込む。この負のスパイラルに突入すると、景気後退が深刻化し、事態を脱するのに時間を要する。

本来は、需要拡大でモノが不足し、それに伴って物価も上昇するデマンドプル型のインフレが理想的である。もしくは、米国のように物価も上がるが、賃金も上がる、という通常のインフレが正常なかたちといえる。

特にB2Bの世界では、自社のモノ・サービスを提供するのに掛かったコストに利益を上乗せするマークアップ型の発想で値付けを行う企業が少なくない。そのため、コストプッシュ型のインフレは、顧客目線でのプライシングを退け、企業側の一方的な理屈で値段を上げるというわるい流れに向かいやすいのだ。

実際に、足元では原材料やエネルギー価格の高騰によるコストアップ分を企業努力ではカバーし切れないという理由で値上げに踏み切る企業も多い。そのような環境変化は、企業努力に限界があるため、消費者や取引先は、頭では事情を理解するが、商品やサービスの中身が変わらないのに、値段だけ高くなることに心がついていかない。この辺りがコストプッシュ型の難しさというわけである。

# 値上げの恩恵

## 高級料亭と居酒屋

ここで皆さんに、値段を上げることの恩恵と、その真意をお伝えしたい。それには同じ商品・サービスで値段に差があるものを比較するのがわかりやすい。飲食を例に、京都祇園の高級料亭と、新橋の大衆居酒屋を取り上げたい。

まず、京都祇園の高級料亭である。料理は1日3組限定の完全お任せコースのみ。料金はお1人様3万円から。京町屋建築の坪庭を眺められる個室が用意され、静かで穏やかなプライベート空間で御食事をいただける。また、日曜日が定休日ということで、従業員の方々は家族や友人と休日の時間を過ごすことができる。

次に、新橋の大衆居酒屋だ。1フロア100席の回転率勝負で、覚えきれないほど豊富なフードメニューが存在する。客単価は3000円で、店内はものすごく忙しい。それにも関わらず、すぐに呼び出しボタンが押され、お客様から飲み物がまだ来ていない

## 図表2
## 京都祇園の高級料亭と新橋の大衆居酒屋

**京都祇園高級料亭** vs **新橋大衆居酒屋**

- 1日3組限定
- 完全お任せコース
- お1人様3万円から
- 静かで穏やかな プライベート空間
- 日曜定休 （従業員は休日家族や友人と過ごせる）

↓

- 1フロア100席の 回転率勝負
- 覚えきれないほど豊富な フードメニュー
- 客単価は3,000円
- 忙しいのに すぐ呼び出しボタン 「飲み物まだ？」
- 年中無休 （従業員は鬼シフト）

↓

値段を上げると、“ゆとり”が生まれる。
ゆとりがあると、サービスの“質”が高まる。
質が高いと、“リピート”され競争に巻き込まれない。

Photo by Getty Images

と催促される。店舗は年中無休で深夜まで開いており、従業員の方々は鬼シフトで疲弊している。

どうだろうか。皆さんが経営者の立場だったとして、どちらの店を経営したいだろうか。お客様の立場だったとして、どちらの店で食事をしたいだろうか。決してプライシングの話だけではないが、1人3万円か、1人3000円かで、ここまで大きな差が生まれるのである。

まとめるとこうである。**値段を上げると、「ゆとり」が生まれる。ゆとりがあると、サービスの「質」が高まる。質が高いと、「リピート」されて競争に巻き込まれない。**ゆとりとは、時間的、金銭的な余裕のことであり、ゆとりがあることで、料理へのこだわりや、お客様へのおもてなしを意識する余裕が生まれる。質の高いサービスとは、丁寧で、きめ細やかで、気が利いて、時間に遅れず、ミスもない接客のことを指す。

3万円と3000円とでは価格に10倍もの差があるため、当然、祇園の料亭も質の高いサービスを提供し、お客様に満足いただきたい、というモチベーションが生まれる。そのために従業員の採用や育成にもお金を掛ける。つまり、高いお金をいただくということが、結果的にいいサービスにつながるのである。いいサービスだから高い、というのが通常の発想だが、ときにその逆の発想で考えることも必要なのだ。

## 脱・値下げスパイラル

日本では古来より、質素倹約が美徳とされてきた。お金に対して倹しいこと、身の丈に合った生活をすることが愛でられてきたのだ。そのような文化的な側面も影響し、いまだ多くの日本企業では「いいものを安く」という発想が根強い。安くすることがいいことだ、お客様のためだ、取引先のためだ、と考えて相手から何も言われていないのに自ら進んで値段を下げる。低価格戦略で競合にダメージを与えようとする企業も少なくない。

しかし、図表3に示した通り、安さで勝負すると、企業は儲からない。企業が儲からないと給料が上がらない。すると個人の購買力が上がらないため、企業は安さで勝負せざるを得なくなる。つまり、誰かが安さで勝負を仕掛け、まわりもそれに負けじと追随すると、結果的にみんなが儲からず、その先に幸せな世界は見えてこない。

逆に、新しい価値を創造するバリュークリエーションサイクルに転換できれば、日本の社会全体が豊かになる。すなわち、商品・サービスの価値を向上させ、それを基に価

**図表3**
**値下げスパイラルとバリュークリエーションサイクル**

**値下げスパイラル**

↓

**バリュークリエーションサイクル**

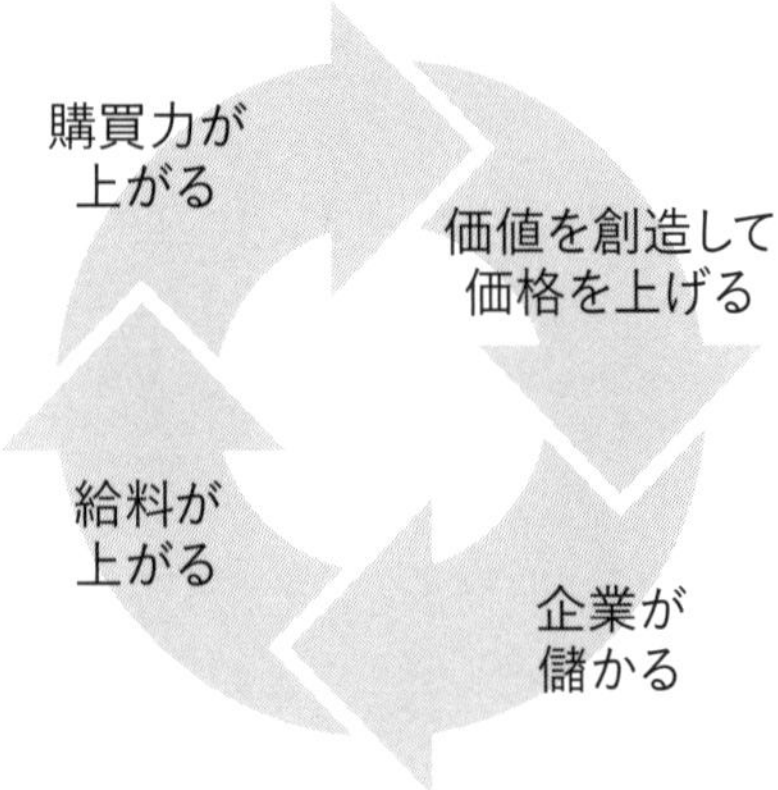

格を上げる。企業としては利益が増えた分を、従業員に給与のベースアップとして還元する。それが個人の購買力を上げ、企業は個人の旺盛な需要によってさらに儲かるという好循環につながる。

日本全体で脱・値下げスパイラルにシフトし、新しい価値の創造へと意識を変えていく必要がある。日本政府にしても、金融政策によって個人消費や民間投資を喚起するだけでなく、米国のように新たなイノベーションを生み出すユニコーン企業の創出により多くのリソースを投入してもらいたいところである。

# 安さ＝価値ではない

## リミッターの解除

安さで勝負しない、価値を創造して価格を上げる、といわれても具体的に何をすればよいのか。ここではインスピレーションの一つとして、面白い事例を紹介したい。

北海道にある旭川電気軌道という路線バス会社の話である。同社は、２０２６年に創立１００周年を迎える。その記念事業の一環として、三菱ふそう製の大型バスＭＲ４３０の復元計画を始動させた。ＭＲ４３０は日本で14台しか生産されなかった希少な車両。そのうちの１台が１９６３年に旭川市内で運行を開始し、１９７８年に老朽化で現役を引退。その後、野ざらしで放置され、隣町の自動車整備工場でスクラップ寸前になっていたところを偶然同社が見つけて購入した。設計図は残っていなかったため、写真や当時を知る人の話を頼りに、１年以上かけて復元作業を進めたという。

その後、同社は、2022年10月に45年ぶりの営業運行を企画。参加は30組限定。参加料は1人3万3000円と値が張る。復元作業の過程で当時のエンジンが奇跡的に動いたが、万が一壊れてしまうと部品がなくてもう直せない状態だそうだ。そのため、営業運行は今回限りとし、今後は展示を予定しているという。つまり今回の乗車機会を逃してしまうと、もう二度と乗れないのだ。チケットは発売翌日に完売した。

営業運行の参加者は北海道から九州、沖縄まで全国から集まった。地元のニュース番組のインタビューに対して、「まるで模型の世界に入り込んだようで貴重な体験だった」「中に乗ってみると奥行きに迫力があった」「サプライズの記念品として同型の車両模型とつり革のレプリカまで配られて感動した」など、喜びの声が集まった。中には、「参加料は倍払ってもいい。そのくらいの価値がある」と、価格に対して安すぎるという意見まで聞かれた。

とりわけ最後の方のコメントが興味深い。参加料が安すぎることで自分がチケットを手にできないリスクを懸念した発言とも読み取れる。商品・サービスの価値を感じてもらえれば、価格の上限のバー（リミッター）が外れる。それにより消費者は高くても喜んでお金を払ってくれる。つまり、**安くすることが価値なのではなく、価値を感じても**

**らうことが最も大切なのだ。**

これはＢ２Ｂでも同じである。自社の商品・サービスに独自の付加価値がある企業は、臆せずに消費者、取引先に正当な対価を提示すべきである。逆に独自の付加価値が見当たらない企業はそこから見直さなければ値付けだけではどうすることもできない。旭川電気軌道のケースは、価値とは何か、価格とは何か、について深く考えるきっかけを与えてくれる。

# 着目すべきは単価のアップ

## 軽視される利益と単価

私はコンサルタントという仕事を生業にしている関係で、企業のマネジメント層の方々と会話をする機会が少なくない。その中で感じるのが、販売数量やコストに比べて単価が軽視されている、ということだ。

特に、売上数量×単価－コスト＝利益という文脈で事業の戦略を語るシーンでは、必ずといっていいほど売上数量の話が中心となる。単価をメインに相談を持ち掛けられるケースは少ない。

現在の経営層は30代、40代までバブル経済の真っ只中を生きてきた。当時は売上が右肩上がりで伸び、それによって株価も上がっていった。常に前年以上の売上数量を達成することが企業の成長と株主の期待に応えることにつながっていたため、そのような時代を生きてきた経営層の目が売上数量に向くのは自然なことである。企業の中期経営計

図表4
**軽視される利益と単価**

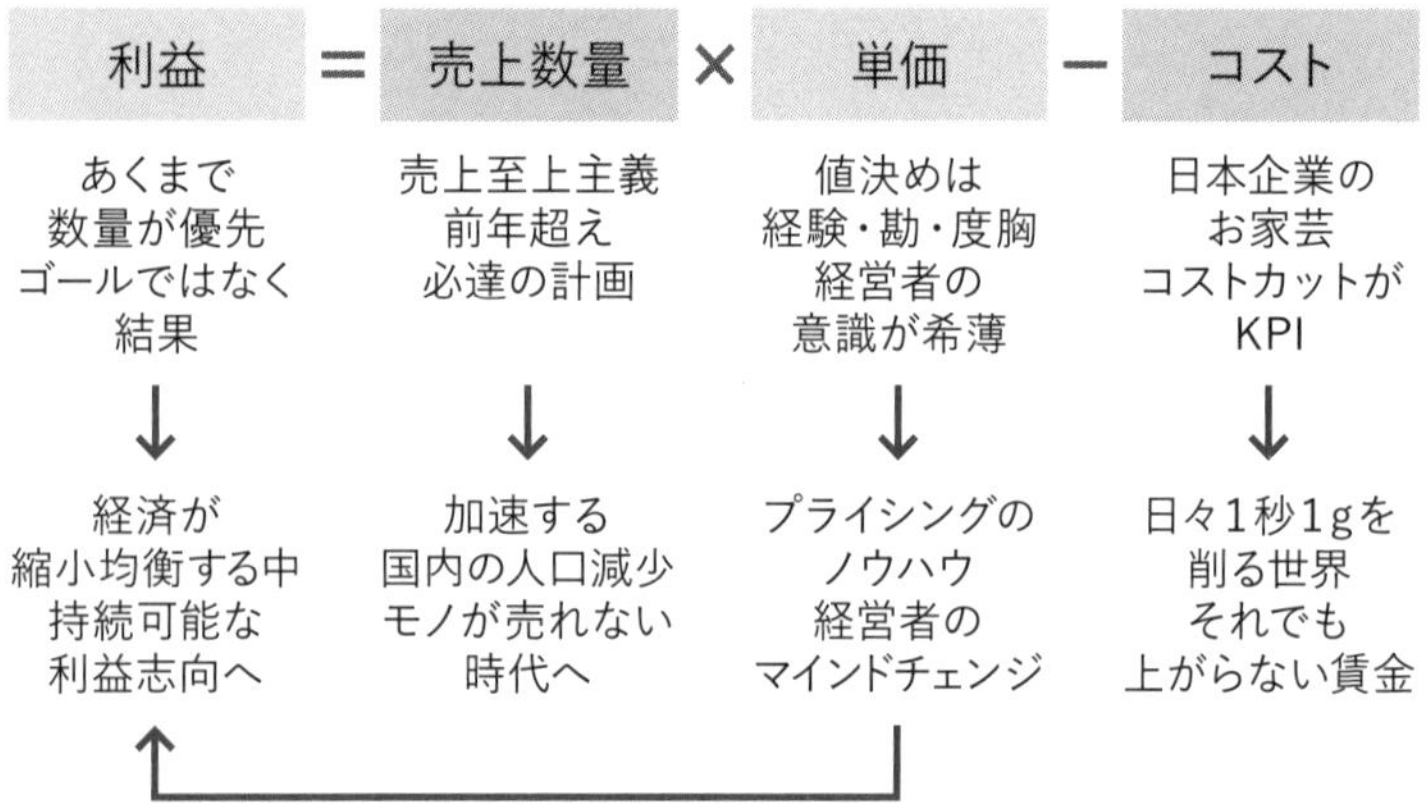


画、事業計画、個別の月次の業績管理を見ても、まずは売上数量を起点に会話がスタートすることに、売上至上主義が如実に表れている。

しかし、これからの日本は人口減少に伴い、経済も縮小均衡していく。２０５０年の国内人口は９５００万人と推計され、現在から約３０００万人も減る。量が稼げなくなるのだ。そのような中で重要なことは売上数量を追い求めることではなく、持続可能な利益を志向することである。そのため、先ほどの数式も、売上数量が起点になっていたが、実は、利益＝売上数量×単価－コスト、のように左辺に利益を置き、利益を中心に経営を

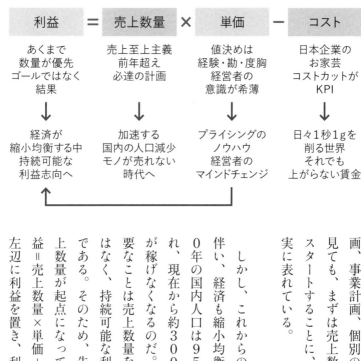

語らなければならない。と同時に、量が稼げなくなる中、どうすればもっと単価をアップできるかについて、知恵を絞る必要がある。

続けて、単価アップがどのような効果をもたらすかについて、定量面と定性面から解説する。

図表5を見ていただきたい。ここでは説明を簡単にするために、値上げ前の商品の単価を1000円、利益を300円、月間の売上数量を1000個として計算する。すると月間の利益は300円×1000個＝30万円となる。

では、商品を300円値上げ（3割増し）したらどうなるだろうか。まず、商品の単価が1000円＋300円＝1300円となる。そして利益は300円＋300円＝600円に上がる。仮に値上げ前の月間の利益であった30万円を達成しようとした場合、必要な月間の売上数量は、30万円÷600円＝500個となる。

つまり3割増しすると、仮に売上数量が半分減っても利益は維持できるのだ。しかも、売上数量を追い求めなくて済む分、商品・サービスの価値向上やロイヤリティの高いお客様への手厚いフォローにリソースを割けるようになる。それによってイノベーションが生まれ、リピート率が上がることでより単価を上げやすくなる。シンプルな計算では

**図表5**
**値上げの効果**

| | 値上げ前 | | 値上げ後 |
|---|---|---|---|
| 販売価格（1個あたり） | 1,000円 | +300円 → | 1,300円 |
| 営業利益（1個あたり） | 300円 | +300円 → | 600円 |
| 売上数量（月合計） | 1,000個 | | 500個 |
| 営業利益（月合計） | 30万円 | → | 30万円 |

値段が高いと消費者は理由が知りたくなる
自社の商品・サービスの価値を説明するきっかけになる

売上数量が半分でも利益は維持できる

売上数量を追い求めなくて済む分、商品・サービスの価値向上やロイヤリティの高いお客様への手厚いフォローにリソースを割けるあるが、値上げの効果を肌で感じていただけたのではないだろうか。

## 「値段が高いこと」の副次的効果

また、値段が高いことには副次的な効果もある。消費者や取引先がその理由を知りたくなるのだ。どら焼きがコンビニで1個100円で売られていても誰も何の疑問も抱かない。しかし、銀座で1個1000円で売られていたらどうだろうか。消費者はなぜそんなに値段が高いのか、その理由を知りたくなるはずだ。

お店側はよく聞いてくれましたと言わんばかりに、小豆の産地や餡《あん》のこだわり、生地の特徴、贈答用の桐の箱など、値段が高い理由を説明し、それに納得した消費者は喜んでお金を払う。良さ（価値）が伝われば値段は上がる。値段が上がるから、贈答用の箱までこだわることができる。ここでも本章の第2節で述べたような、いいものと高いものの補完関係が成立しているのだ。

消費者や取引先がほしいと思うものでなければ高い値段はつけられない。商品・サービスがリリースされた当初は魅力があっても、後で競合に追いつかれたり、時代の中でほしいと思われるモノやサービスの中身が変わったりすれば需要は低迷し価格は維持できない。コストアップによる値上げは消費者や取引先目線では受け入れ難い。価値の向上によってコストアップを跳ね返す。そしてその商品・サービスの魅力を正しく伝え、正当な価格で買っていただかなくてはならない。

企業の経営はいつの時代も常に試練に向き合い、チャレンジを繰り返している。業績をアップさせ、雇用を創出し、従業員に報いる。消費を活性化させ、日本経済の持続的な発展に貢献する。価値の創造と正当な対価を反映したプライシング。日本の経営者への期待はとても大きい。

# 第1章のまとめ

◯コストプッシュ型のインフレはわるい物価上昇と呼ばれる。賃金が上がらず、物価だけが上がると個人消費は冷え込む。これにより企業の業績は下がり、ますます賃金が上がらなくなる。また、コストプッシュ型のインフレは、顧客目線でのプライシングを退け、企業側の一方的な理屈で値段を上げるというわるい流れに向かいやすい。需要拡大でモノが不足し、それに伴って物価も上昇するデマンドプル型のインフレが理想的。

◯京都祇園の高級料亭と、新橋の大衆居酒屋とのあいだでは、客単価が10倍もちがう。祇園の料亭のように、値段を上げると、「ゆとり」が生まれる。ゆとりがあると、サービスの「質」が高まる。質が高いと、「リピート」されて競争に巻き込まれない。これまではいいサービスだから高い、と考えられてきたが、ときにはその逆の発想で、高いお金をいただくということがいいサービスの提供につながると考えることも必要。

◯いまだ日本企業には安くすることがいいことだ、お客様のためだ、取引先のためだ、と考えて自ら進んで値段を下げているところが多い。しかし、安さで勝負すると、企業は儲からない。企業が儲からないと給料が上がらない。すると個人の購買力が上がらないので、さらに企業は安さで勝負をせざるを得なくなる。誰かが安さで勝負を仕掛け、まわりもそれに負けじと追随すると、結果的にみんなが儲からず、その先に幸せな世界は見えない。逆に、新しい価値を創造するバリュークリエーションサイクルに転換できれば、日本の社会全体が豊かになる。商品・サービスの価値を向上させ、それを基に価格を上げる。企業としては利益が増えた分を、従業員に給与のベースアップとして還元する。それが個人の購買力を上げ、企業は個人の旺盛な需要によってさらに儲かるという好循環につながる。

○北海道旭川のレトロバス復元の事例にもあるように、商品・サービスの価値を感じてもらえれば、価格の上限のバー（リミッター）が外れ、消費者は高くても喜んでお金を払ってくれる。安くすることが価値なのではなく、価値を感じてもらうことが最も大切。

○日本企業の経営層と事業戦略を語ると、必ず売上数量の話が中心となる。これからの日本は人口減少に伴い、経済も縮小均衡していく。そのような中で重要なことは売上数量を追い求めることではなく、持続可能な利益を志向することである。そのため、利益を中心に経営を語らなければならず、どうすればもっと単価をアップできるかについて、知恵を絞る必要がある。

○消費者や取引先がほしいと思うものでなければ高い値段はつけられない。商品・サービスがリリースされた当初は魅力があっても、その後で競合に追いつかれたり、時代の中でほしいと思われるモノやサービスの中身が変われば需要は下がり価格は維持できない。コストアップによる値上げは消費者や取引先目線では受け入れ難い。価値の向上によってコストアップを跳ね返す。そしてその商品・サービスの魅力を正しく伝え、正当な価格で買っていただかなくてはならない。

○企業の経営はいつの時代も常に試練に向き合っている。業績をアップさせ、雇用を創出し、従業員に報いる。消費を活性化させ、日本経済の持続的な発展に貢献する。価値の創造と正当な対価を反映したプライシング。日本の経営者への期待はとても大きい。

第2章

# なぜうまくいかないのか

# 典型的なB2Bのプライシング

## 陥りがちなケース

**B2Bのプライシングは、一言でいえばコミュニケーションである。**会社と会社、人と人とが対話をする中で、取引を行う商品・サービスと、その数や単価が決まる。コミュニケーションといえば私たちの中でも、得意な人、苦手な人がいる。普段の会話は流暢なのに、プレゼンや交渉になると、力を発揮できない人もいる。そのため、企業によって、担当者によって、レベルに差が出るのは自然だ。

また、B2Bの取引の場合、コミュニケーションの相手がプロの購買部門、ということも少なくない。こちらの一挙手一投足に鋭い視線を向け、少しでも安く購入する余地はないか、巧みに交渉を仕掛けてくる。当然、こちらも事前に落としどころを用意していくが、相手のペースにはまり、その結果、相手に有利な結論になってしまうことは多い。なぜこちらが主導権を握って、目標とする価格で契約を締結できないのだろうか。

その要因に関して、典型的な事例を見ながら、一緒に探っていきたい。

## 食品卸A社

取引先の多くは長年の付き合い。先方とのあいだには強い信頼関係を築いている会社だ。一方で、取引先との関係性が親密すぎるという点が仇《あだ》となり、毎年の定期価格交渉の場では、先方の値下げ要請に簡単に応じている。笑顔で満額回答している営業担当まで存在する。

営業の視点では、当然、先方の要請に添えずに失注する事態は避けたい。売上数量について前年超え必達の目標もある中、既存顧客とのあいだの取引量は失いたくない。そういった心理から、面倒な交渉は避け、スムーズでスピーディーな契約合意を優先している。

これは、**営業＝いい人、の典型的な取引のパターン**である。相手に嫌われなくない、相手に喜んでもらいたい、という気持ちを値下げ以外の方法で表現できないのだ。売上必達・利益無視の目標管理指標（ＫＰＩ）も自社にとって有利な交渉を仕掛けにくくしている。

## 自動車部品メーカーB社

　取引先の自動車メーカーから仕様書を受け取り、部品の見積り依頼が来てから入札に参加している会社だ。メーカーが指定する仕様の条件をクリアするには多少製品のカスタマイズが必要で、それにより社内の対応工数が発生し、コスト増になっている。製品全体としてはうまく汎用化を進めてきたため、コスト競争力は業界屈指。だが、コンペではなかなか勝率が上がらない。やむなく価格を下げて入札することで一部の自動車メーカーに採用されている状態。

　これは、**競争回避の工夫がないパターン。**見積り要請が来てから入札に参加しているが、実際、コンペはもっと早い段階から始まっている。自動車メーカーの取引ルール上、仕方なしにコンペを開催し、相見積り先として呼ばれただけではスタートから不利である。

　自動車メーカーに商品の企画・開発段階から密接にコンタクトすることで、メーカー側の要求事項を前広に入手したり、一緒に専用設計を行っている企業もあるが、B社にはそういった仕掛けが足りない。コンペになる前の情報戦の段取りがわるいと提案力が下がり、価値創造にもつながらない。これでは交渉を有利に進めることも、ロックインもできない。

## 照明機器メーカーC社

製品の提供方法として、売り切り型をメインにしている会社だ。道路、公園、マンション、駐車場など、街灯へのＬＥＤの採用が広がっている。これによって電球の単価はアップしたが、長寿命化することで取引の頻度は減少。また、ＬＥＤ以前と変わらず、入札では価格を抑えなくてはならないため、利益を削り、確実にコンペをものにするよう、立ち振る舞っている。

競合他社は、ＬＥＤ化によって、成果報酬や as a Service などの方法を取り入れているが、Ｃ社は**売り方に選択肢がなく、売り切りを貫いている。**取引先によっては、高価なＬＥＤの初期投資をなるべく抑えたいと考えるところもある。そういった取引先の事情によって、いくつかの売り方のオプションや課金方法を提示しながら駆け引きできると、コンペも価格交渉もこちらのペースで進めることができるが、彼らの選択肢には幅がない。

## 産業機械メーカーD社

産業機械の本体、つまり、最初の入り口である程度利益が出ている関係で、**モノ売りから脱却できていない**会社だ。確かに業界全体としては依然としてハードの付加価値が大きい。しかし、競合はこの先のハードの市場縮小を見越してサービスやソリューションなどのコト売りに力を入れている。その部分はD社として売上にも利益にも十分取り込めていない。

顧客に本体を購入してもらえると、その先、サービス、部品といったかたちで取引は継続する。それら顧客のライフサイクル全体で獲得できる利益のことをライフタイムバリュー（LTV）と呼ぶが、営業サイドにその発想はない。ライフサイクルのうち、どこは先行投資で、どこで儲けるか。ビジネスモデルの設計と合わせたプライシングの位置づけを考えられていないのだ。

場合によって、エントリーグレードは初回購入の敷居を下げる役割として市場浸透を優先させ、その後、サービスとソリューションで囲い込み、次に一つ上のグレードの機械を購入してもらう、という絵が描けるかもしれない。顧客との付き合いをもっと長い目線で捉える。顧客のライフサイクルと、販売からサービス、ソリューションといったバリューチェーン全体で強弱をつけたプライシングを行うのも一考に値する。いまは足下のハードの数字を追いかける近視眼的な発想が強い。

## 物流サービスE社

パンデミックに端を発した巣ごもり消費と、EC（インターネットショッピング）の日常化によって荷量は増える中、ドライバーの人手不足で運び手がいないのがこの業界の特徴。

E社はB2Bの取り扱い比率が高いが、**取引先との交渉に深みがなく、自社を選んでもらうためのストーリーづくりが弱い。**こちらの提案内容が相手に刺さっているか、相手がどのような心理状況にあるかを探らず、焦ってすぐに価格の話をしてしまっている。価値を感じてもらうことができれば、価格の上限のバーは外れるが、その辺りの説明はほどほどに、急ぎ成約することを優先して我慢できずに値下げした価格を切り出している。これでは取引先はもう少し粘ればさらに安くなるのでは、と考えるようになり、せっかくいい提案内容だったとしても価格の話に目が行くようになる。

提案にいくつかの段階を設けて、最初の方では価格の話をあえてしないのも手である。究極的には、自社のサービスの価値だけを説明し、いくらだったら契約してもらえるか、相手に価格をつけてもらうという発想も必要だ。それが自社の想定より高ければそのままその金額を採用してもいい。

## 金融サービスF社

金融のバックオフィス業務を外部委託で請け負っている会社だ。F社が存在しなくなると、取引先はそれぞれの会社で当該業務の担当を抱えなければならず、経営上、大きなインパクトになる。そんな業界のインフラ的な存在を担っているのがF社のサービスの特徴である。

しかし、価格交渉となるとスタンスは極めて弱気だ。取引先にとってはなくてはならない存在でありながら、**提示する価格はこれまでの慣習価格。**それもだいぶ昔に決めた金額であるため、その水準が妥当かどうかいまでは誰もわからない状態。また、取引先によってF社のサービスに感じるバリューはことなるが、どこの会社に対しても一物一価の定価を提示している。もう少し自社のポジションを活かした戦略的な値付けを行うとともに、こちらの提示する値段を受け入れてもらえない場合は取引を停止してシェアを追わないなど、強気の交渉スタンスにシフトできると利益率はぐっと上がる気配がある。

# 解くべき課題は4つ

## 「意識」「価値」「手札」「交渉」

前項に記載した事例をまとめると、問題は大きく以下の4つのタイプに類型化できる。

「意識の問題（A社）」
「価値の問題（B社）」
「手札の問題（C社、D社）」
「交渉の問題（E社、F社）」

順に、「意識の問題」は、営業の行動原理の是正と、売上数量に偏重しない目標管理、「価値の問題」は、要求理解の段取りと、価値創造の仕組み、「手札の問題」は、売り方のバリエーションと、強弱をつけた儲けどころの設計、「交渉の問題」は、選ばれるため

**図表6**
**課題のタイプと例**

| 意識の課題 | 価値の課題 |
| --- | --- |
| ● 営業の行動原理の是正<br>● 売上数量に偏重しない目標管理 | ● 要求理解の段取り<br>● 価値創造の仕組み |

| 手札の課題 | 交渉の課題 |
| --- | --- |
| ● 売り方のバリエーション<br>● 強弱をつけた儲けどころの設計 | ● 選ばれるための交渉ストーリー<br>● 弱気の交渉スタンス |

の交渉ストーリーと、弱気の交渉スタンス、が解くべき課題になる。

これらをどう解決していくべきか。それはこの先、第3章の成功事例と、第4章以降のB2Bの値上げの秘訣、を通じてじっくりと説明していきたい。

# 第2章のまとめ

○B2Bのプライシングは、一言でいえばコミュニケーション。会社と会社、人と人とが対話をする中で、取引を行う商品・サービスと、その数や単価が決まる。

○コミュニケーションは、得意な人、苦手な人がいる。企業によって、担当者によって、レベルに差が出るのは自然なことである。

○B2B取引の場合、コミュニケーションの相手がプロの購買部門、ということも少なくない。こちらの一挙手一投足に鋭い視線を向け、少しでも安く購入する余地はないか、巧みに交渉を仕掛けてくる。こちらも事前に落としどころを用意していくが、相手のペースにはまり、相手に有利な結論になることは多い。

○こちらが主導権を握って、目標とする価格で契約を締結できないのには、「意識」「価値」「手札」「交渉」の4つの問題が絡んでいる。「意識の問題」は、営業の行動原理の是正と、売上数量に偏重しない目標管理、「価値の問題」は、要求理解の段取りと、価値創造の仕組み、「手札の問題」は、売り方のバリエーションと、強弱をつけた儲けどころの設計、「交渉の問題」は、選ばれるための交渉ストーリーと、弱気の交渉スタンス、が解くべき課題。

# 第3章

# B2Bのプライシング成功事例12業界

ここからB2Bのプライシングの成功事例を紹介したい。なお、プライシングといっても いくらで売るのが最適か、というピン留めの話をするわけではない。というのも、最適価格はモノやサービスの内容、他社と差別化された価値の有無とその中身、取引先との力関係や取引量、置かれた競争環境によってことなる。そのため、B2Bでは最適価格の絶対値の決め方を紹介しても有用な示唆にはなりづらい。むしろ、どうすれば価値の高い商品・サービスを生み出し、高い値段で取引先に購入いただけるか、というエッセンスを理解することが重要である。その点を各社のビジネスモデルや取り組みから抽出して紹介したい。

ここでは読者の皆さんが従事されているビジネスが幅広いことを想定して、取り上げる事例の数も多くした。まずはご自身の仕事の業種、内容に近いところ、興味を持っていただいた商材から目を通していただければと思っている。

# 電子機器

## 価格で売らずに効果を売る

価値創造やイノベーションという文脈で真っ先に頭に浮かぶ企業の一つにキーエンスがある。営業利益率が驚異の50％を超えており、製造業の中では群を抜いて高い。平均年収が2000万円、生涯年収が7億円を超えることでも知られている。主力製品はセンサーや測定機。一般の消費者には馴染みが薄いが、工場や倉庫などの検査や在庫の入出荷管理の効率化・自動化をはじめ、ファクトリー・オートメーション（FA）に貢献している。

**彼らの強みは、圧倒的な技術力を背景に、次々と革新的な製品を世に送り出している点にある。**新たに生み出す製品の実に7割が世界最速、世界最小など、「世界初」「業界初」であることには驚きを隠せない。5000円程度のセンサーから2000万円もするマイクロスコープまで、扱う製品の幅も広く、プロダクトポートフォリオもしっかりとしている。

代理店を介さないダイレクトセールスの形態をとっていることもあり、取引先の潜在ニーズを営業担当者が直接捉え、それを自社の商品企画、商品開発部門にフィードバックしてモノづくりにつなげている。なお、自社では工場を持たないファブレス企業であることも特徴的。組み立てや保守は子会社のキーエンスエンジニアリングが担当している。

キーエンスのモノづくりにおいて、ユニークな方針がある。それは、「1位にならないものはつくらない」というものだ。例えば、彼らの製品に、読み取り距離が世界最長のバーコードリーダーがあるが、この機能はキーエンスにしかつくれない、キーエンスがダントツである、という1丁目1番地の領域を見つけ、そこで圧倒的な仕様の製品を開発。勝てる戦しか行わないのだ。競合との競争に巻き込まれない分、取引先には当然、高い値段を提示して販売することができる。

なぜこのようなことができるのか。もちろん高い技術力、製品開発力を有しているのは大前提だが、それだけでなく、営業の切り込み方と、商品開発の判断が秀逸である点が大きい。営業は、取引先の工場で検査機器を使用しており、製品の良さがわかる現場担当者を見つけて張り付く。そこでいまの検査業務に何時間掛かっているか、キーエンスの製品を導入するとそれがどう短縮されるかを計算し、その「効果」を徹底的に売り込むのだ。価格ではないところで良さを感じてもらうことがポイントである。

既存製品で対応できない場合、取引先の要件を商品開発側にフィードバックし、製品をカスタマイズするか検討を行う。なお、興味深いことにキーエンスには、1位にならないものはつくらないという方針だけでなく、汎用化できない製品は開発しないというポリシーもある。

1点ものは量産がきかないためコストのスケールメリットが発揮できない。原価企画の段階で営業利益率が40%以上を狙えないものは上市しないという彼らの考え方と相反するのだ。そのため、必ずしも取引先の要件が既製品では完全に満たせなくても専用開発は行わず、営業が既製品で出せる効果とコストパフォーマンスを取引先と握り、契約に結び付ける。世に送り出す製品すべてで確実に利益を叩き出せるカラクリはこの辺りにあるのかもしれない。

キーエンスには売上を上げるという考え方はない。**営業担当者には売上目標はなく、**

**利益目標しかない**のだ。そのため、取引先から数量を多く購入するから単価を下げてほしいというリクエストを受けても対応しない。このスタンスが限界まで値下げを我慢する文化を醸成し、営業担当者一人ひとりの属人性を排除した取引の行動指針につながっている。

## 製品に定価はない

キーエンスのプライシングに定価という概念はない。取引先によって提示する値段がことなるのだ。例えば前述の2000万円のマイクロスコープの場合、価格が2000万円となる。これが上限で、下限が営業利益率の目標値だ。

取引先に値段を提示するときには、前項の「効果」が拠り所となる。例えば、いまは品質検査に3時間掛かっているが、キーエンスの機械を導入すると30分で済む。2時間半の作業がなくなり、その分、労務費が削減できる。その効果を見込めば、2000万円の機械は何年でペイする、といった具合だ。決して2000万円の機械を買ってください、という打ち出し方はしない。

また、取引先の担当者にキーエンスの製品の魅力を感じてもらっても、その上の決裁権を持つ上長や購買部門からストップをかけられてしまっては話が前に進まない。そのため、彼らは、取引先の製品購入の稟議書作成を代行する。先ほどの効果のストーリーを軸に、なぜキーエンスの製品をいま購入する必要があるかをわかりやすく整理する。導入の前と後での生産性のちがい、機械の老朽化による品質低下・安定稼働リスク、相見積り先の製品名と効果の差など、キーエンスの製品の良さを決裁権を持つ人に理解してもらい、現場の担当者に機械を利用いただけるよう、手厚くフォローする。購買部門も現場の担当者の意向を無視することはできず、しかも稟議書がわかりやすく、導入のメリットが受け入れられれば、価格の絶対値が高いか安いかは大きな問題にならないのだ。

# 自動車部品

## 大部屋への参画

自動車部品業界はB2B市場の中でもトップクラスに規模が大きい。日本の企業では、トヨタ系のデンソーの売上が約5・5兆円、続くアイシンが約3・9兆円と桁外れだ（いずれも2021年度）。各社試行錯誤を重ねる中で、営業利益率は5％前後を確保している。そんな自動車部品業界の取引や値付けがどのような仕組みで行われているかに迫ってみたい。

まず、一般的な流れとして、自動車メーカーが、次期モデルのデザインや初期仕様、目標原価を決める。目標原価はパワートレイン、ボディ、シャシーといったクルマの部位別に振り分けられ、その先でセンサーやECUなど、個々の部品単位まで細かく計算される。その後、国内外の複数の自動車部品メーカーに対して、見積り依頼の声を掛ける。

ここで見積り依頼書に記載された目標原価にアラインするかどうかは部品メーカーの戦略次第だ。この段階ではクルマの最終仕様が決まっていないため、目標原価も後々変動する。ほとんどのケースでは仕様の設計変更（設変）が入り、設変太りで目標原価も上がっていく。ボッシュやコンチネンタルなどの欧州系の部品メーカーは設変を頼りに安い価格で提案を仕掛けることが多い。また、彼らは製品の汎用化にも長けているため、単価を低く抑えられる。

一方で、デンソーやアイシンといった日系の部品メーカーは、形状をトヨタオリジナルにするなど、自動車メーカー各社の要望に合わせてカスタム設計することに強みがある。その分、単価は上がるが、それによるコンペ負けを回避する策として「大部屋」に参画している。設計・開発部門を味方につけることで、調達部門の価格交渉を退けるというやり方である。

「大部屋」は、トヨタでよく使われている言葉であるが、車両の設計・開発体制のことである。チーフエンジニアと呼ばれる車両開発の責任者を筆頭に、設計、開発、調達、生産、販売といった各機能の担当者がプロジェクトルームで一堂に会する。製品の企画からローンチまで、一連の仕事を連携しながら進めていき、部品メーカーなどのサプライヤも随所で参画する。ここで部品の規格そのものを自動車メーカーとすり合わせ、試作品も提供しながら、クルマ全体として狙った性能を出せるよう部品をつくり込んでいくのだ。

**上流工程から入り込み、一緒にモノづくりを進めながら自社にしかつくれない仕様に持ち込むことで、コンペや価格勝負になる状況を生み出さない**というわけだ。

## 調達同盟

設計・開発部門を味方につけるといっても、実際の取引で部品メーカーが相対するのは購買部門である。彼らは初期の見積り金額からいくら減額したか、価格の定期改定のときにどれだけ単価を下げたかがＫＰＩ（目標管理指標）になるため、当然手強い存在となる。また、汎用的な製品に関しては、緻密な原価企画のもと、頑張れば届くような絶妙なラインで交渉を持ちかけてくることも多い。

ただし、自動車メーカー側にも持っていきたいシナリオがある。ここでいうシナリオとは、サプライチェーンのリスクマネジメントや部品共通化の観点から、この製品はデンソー、この製品はボッシュから購入したい、といった意向のことを指す。強い関係性をつくり、同盟を結ぶ中でこれらの情報を入手し、競合他社が過去に何の部品の見積りをいくらで出したかの情報をストックできれば勝ちである。**受注できる算段がついている領域は強気の値付け、そうでない領域は弱気の値付け、といったかたちのメリハリをつけた価格設定が可能**となるからだ。

トヨタのようにある程度の幅の中で部品の仕入れ数量をコミットしてくれるようなケースでは、その条件を頼りに単価を下げ、コンペで勝ち切るという手も使える。実際に、月産の数量によって単価テーブルを3つ程度用意し、各テーブルの下限値を下回った場合、次のテーブルの単価を適用することでスムーズな値上げ交渉を実現している部品メーカーもある。

自動車メーカーからは年に2回、部品調達価格の定期改定を要請されるのが業界の通例だ。全部品を対象とした一斉改定であるが、一律に値下げ要請に応じるのではなく、設変によって価格が上がった部品や他社にない付加価値がある部品に関してはいまの取引価格を維持する。競合とのコンペで置き換えられるリスクのある部品は価格を下げる。トータルとして利益を留保できるよう、交渉の駆け引きを行う。

ただし、これは言うは易し、行うは難しだ。というのも、部品メーカー側の担当者は製品ごとに分かれている。これでは製品全体での柔軟な交渉は切り出しづらい。例えば、デンソーのように、製品横串で全社の利益を見る担当者を置き、営業の定量的なノルマも小さくするような仕組みがなければ実現は難しい。

# 半導体

## 二刀流戦法

ＰＣやスマホ、タブレット、テレビ、ゲーム機、自動車、産業機器など、いまや私の身の回りの生活に半導体の存在は欠かせない。生活圏のコンパクト化にパンデミックによる行動制限も相まって、おうち時間を快適にしたいというニーズが増し、グローバル全体で急激な半導体不足に陥った。それにより価格は上昇、現在は落ち着いてきたが依然、高水準で推移している。ここでは半導体の価格がどのような構造で設定され、取引先と交渉しているかについて解説したい。

まず、半導体と一口にいっても、ディスクリート型や集積回路型など、その種類や仕様は数えきれないほどある。難しいことは置いておき、ＰＣを例にとると、半導体の差は、起動時間、バッテリーの持ち時間など、性能の差として現れる。半導体メーカーは売上と利益を上げるために、より高価で高付加価値の製品に誘導したいと考えている。
　例えば、インテルは、取引先がより安い製品に流れてしまわないよう、安価な製品のボリュームディスカウントの幅を小さくしている。また、高価な製品には、取引先へのインセンティブとしてマーケティングファンドを手厚くしているのだ。マーケティングファンドとは、PCのメーカーがテレビCMなどの広告を打つ際、その費用の一部をインテルが負担するというもの。最近はキャッチコピーが変わってしまい、目にする機会が減ったが、かつてよく目にした「インテル入ってる」というCMは、インテルからの金銭的なサポートがあったことの証だ。

　インテルのストーリーは、自社以外の半導体（CPU）を搭載したり、安価な半導体を選択すると、PCの性能が下がり、広告宣伝による露出も減る、という相手に機会損失を感じさせる内容。それによりPCメーカーも、競合他社よりいい性能の製品を出したい、インテルが広告のサポートまでしてくれるのであれば使わない手はない、という結論にたどり着きやすい。ディスカウントとファンドをうまく組み合わせた二刀流戦法といえる。

## バッファのある設計

前項では、ボリュームディスカウントとマーケティングファンドの話を取り上げた。前者のボリュームディスカウントに関して、その元値となる仕切り価格（卸売価格）は、インテルの場合、米国本社からの指定があり、各国の法人には操作性がない。前年度の取引実績に応じた単価テーブルが存在し、それを参照して取引先に価格を提示する。もちろん取引量が多い方が安い単価を適用できる。

なお、取引先の購買担当者もプロである。「もう少し安くしないと競合他社に乗り換える」「半導体の市況価格のデータと比べると提案金額は高い」など、あらゆる交渉カードを使ってくる。ピンポイントの単価など、なるべく狭いところに話が行かないよう、購買以外の担当者も交えて、この半導体を使って、新しく高付加価値の製品をつくり、こちらのマーケティングファンドを使って一緒に世の中に広めていきましょう、といった前向きな姿勢で未来に目を向ける努力をしている。

とはいっても、単価の話には決着をつけなければならない。インテルに限った話ではないが、半導体各社は本社から提示された単価テーブルをもとに、5000個購入いただいたら〇%値引く、1万個購入いただいたら□%値引くといった取引先提示用のテーブルを、手元にバッファを持たせて設計する。そして取引先との交渉の中で、少しずつバッファを崩しながら、実際は8000個の購入で□%値引くなど、最終的な落としどころまで持っていくのだ。**ポイントは、あくまでこちらの土俵で戦い続けるために、次に出せるカードを手元に残しておき、譲歩する際は少しずつ行うことで、交渉を優位に進めていくことである。**

# 複合機

## マネージドサービスへ

少し前に複合機の世界に触れる機会があり、とても勉強になったので、皆さんにも紹介させていただきたい。まず、複合機（プリンター）といえば、カウンターが付いていて、白黒印刷1枚いくら、といった単価で契約しているという印象を持たれるだろう。実際、それが主流で、企業の現場では無駄な資料は印刷しない、なるべくPCの画面で資料を確認する、といった方針で地道にコストを削減している。そんな中、リコーが提供するマネージド・プリント・サービス（MPS）が面白い。

MPSは、コストの最適化だけでなく、業務プロセスの改善によって社員の本来業務へのシフトや環境対策といったメリットを創出する目的でつくられたサービスである。契約には、従来の複合機のリースや紙詰まりの対応といった保守業務から、コールセンター、遠隔での故障診断、トナーや印刷用紙の自動配送、印刷枚数の自動検針、使用状況の報告書、稼働率や人の動線を見ながらフロアのどこに複合機を設置するのが最も台数を減らせるかのレイアウト提案、印刷物の取り間違えを防止するユーザー認証プリントといったサービスまで含まれる。

目に見えるコストとして、印刷の枚数を削減するだけでは、ややもすると業務の生産性が下がることがある。**機器の配置や発注業務の自動化など、目に見えないコストまで含めて改善できるのがMPSの最大の特徴**といえるだろう。

## ワンパッケージ

企業によっては、複数のフロアにまたがってオフィスを構えていたり、本社の隣のビルにワンフロアだけ借りていたりと、オフィスのロケーションは様々なケースがある。それに伴い、複合機の契約も部署別、フロア別などに分かれていたり、総務部が全体を見ていたりとばらばらであることが多い。それによって契約や支払い業務の手間が増える。

マネージド・プリント・サービス（MPS）では、ビル単位で複合機関連のサービスが月額いくらといったかたちでワンパッケージ化して契約できる。また、課金体系は従

**図表7**
**マネージド・プリント・サービス（MPS）**

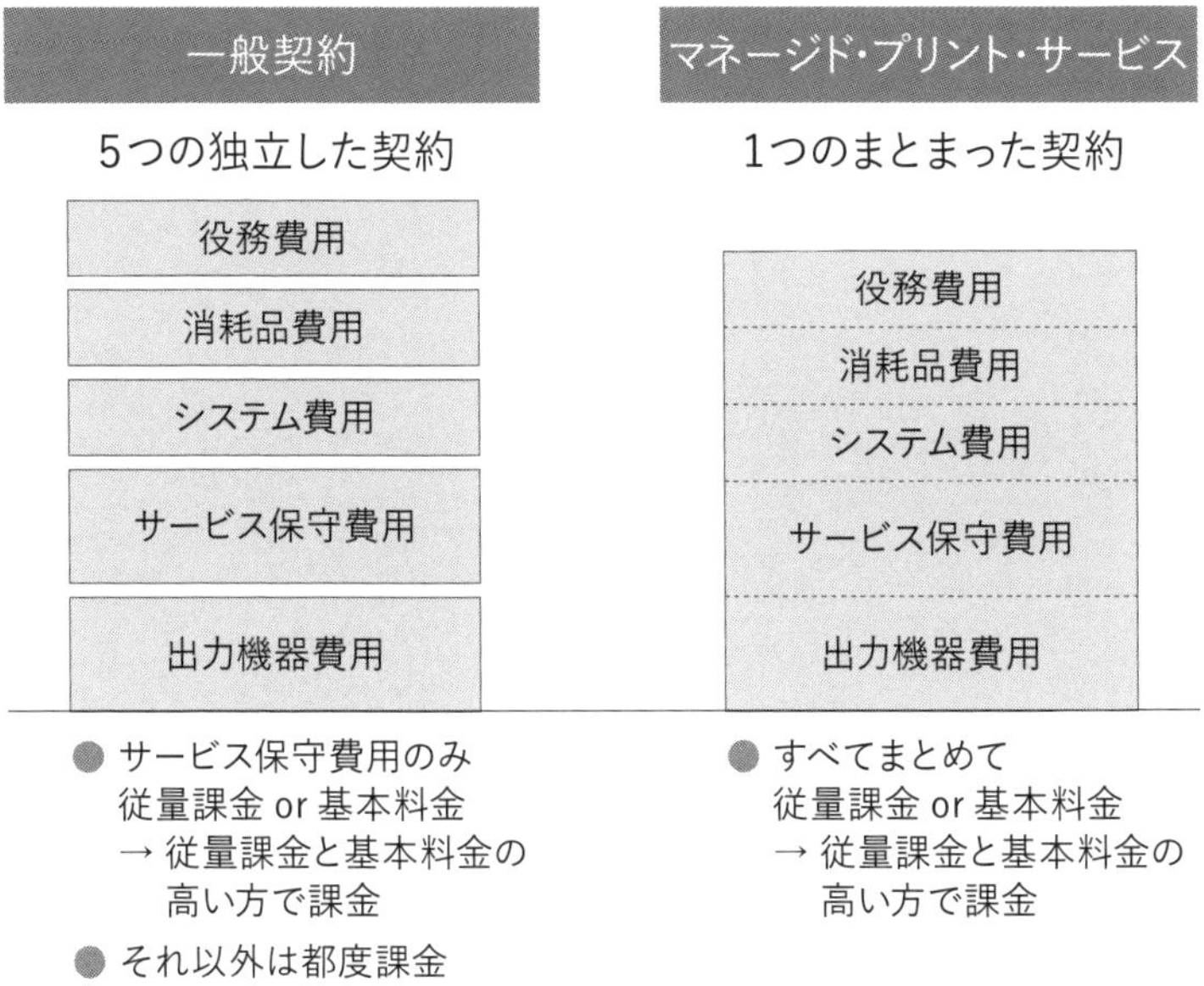
一般契約
5つの独立した契約
役務費用
消耗品費用
システム費用
サービス保守費用
出力機器費用
● サービス保守費用のみ
従量課金 or 基本料金
→ 従量課金と基本料金の
高い方で課金
● それ以外は都度課金
マネージド・プリント・サービス
1つのまとまった契約
役務費用
消耗品費用
システム費用
サービス保守費用
出力機器費用
● すべてまとめて
従量課金 or 基本料金
→ 従量課金と基本料金の
高い方で課金

量課金または基本料金のいずれか高い方を請求。すべて従量課金にしてしまうと、あまりサービスを利用しない企業向けの利益率が下がるため、そのような工夫をしている。

複合機を導入する企業は、複合機に関連する業務のケアが不要になり、契約や支払い業務も簡略化される。メリットは大きい。また、複数社の複合機も併用している取引先も多いが、その場合、リコーが他社のコールセンターと連携して、他社製の複合機も含めて一元管理するケースもあるようだ。もちろん、最終的なゴールは、MPSによってすべての複合機を統合し、企業全体の業務の効率化、コストの最適化を実現すること。その過程で複合機のリプレイス提案も行っている。

# 照明機器

## 実質無償の成果報酬

オランダのアムステルダムを本拠地とするフィリップス。ヘルスケア、医療、家電、照明機器など、製造業中心のコングロマリット企業である。

ここでは彼らの屋外LED照明の事業を取り上げたい。ご多分に漏れず、照明機器の世界にもデジタル化の波が押し寄せ、製品のコモディティ化と製品ライフサイクルの短縮化が進んだ。フィリップスとしても、いつまでも製品のハード面の機能や性能で他社と競争するのではなく、プラスアルファの付加価値があるサービスとセットでモノを売るスキームに変革しなければならなかった。メーカーからソリューションプロバイダーへと業態転換を図る岐路に差し掛かっていたといえる。そのような中、彼らは、照明機器の提供に、保守、運用サービスを加えて、街全体に安定して光を供給する長期の包括契約サービスを考案。Lightning as a Serviceという名称で提供した。

その際、**LEDの初期費用と補修費用を、取引先である国や自治体、民間企業に課すのではなく、フィリップス自身が街灯のLED化で削減した電気代から賄うことにした。**この決断が大きい。つまり、導入する側は街灯のLED化を実質無償で実現できたことになる。このスキームが受け入れられないはずがない。細かいカラクリとしては、照明のLED化で浮いたコストの一部を成果報酬としてフィリップスが受け取ることで事業の運営が成立している。

いずれにしても、国や自治体はこれまでの街灯のランニングコストよりも安くなるのだから文句はない。また、フィリップスがリアルタイムで街のすべての街灯を遠隔監視することで、電球が切れた場合、速やかに交換作業を行うことも可能になった。

## ブラックボックス化

Lightning as a Serviceのような包括契約を成果報酬で締結した場合、時間の経過とともにだんだんと得られる利益が減っていってしまう。そのため、自社の中でも、継続的にコストの効率性を高め、より多くの利益に結び付ける施策とセットにしてビジネスを設計しなければならない。

フィリップスがどのようなことを行っているかは非公開であるため、ここではあくまで一般的な取り組みとして言及する。例えば、街灯の運用に必ずしも最新の高機能なLEDを使用する必要はないはずである。すべての街灯を自社で遠隔監視しているため、万が一、電球が切れたときはすぐに交換作業ができる。そのメリットを活かすと、わざわざ長寿命の最新のLEDを導入する必要はない。むしろ、在庫が余った旧型のLEDを使用する方が賢い。余剰在庫として、倉庫に眠っているものがあれば、それを使うことで、自社の在庫管理費用や廃棄費用を削減できる。

なお、取引先との契約時にはSLA（Service Level Agreement）と呼ばれるサービスの品質基準を合意する。電球が切れた場合、24時間以内に交換作業を行う、といった内容のことを指す。そのため、SLAの範囲での保守、運用業務の遂行が遵守できていれば、製品のスペックは問われない。自社として交換頻度が高くなってしまう電球を使用すれば、単純にそれだけ自社の運用コストが上がってしまう。そこは自社の中でうまく製品と運用のバランスをとってサービス設計を行わねばならない。

このように包括契約のようにまるごと請け負うサービスの場合、サービスの品質は落とさず、自社がコントロールできる範囲で中身をブラックボックス化することで、利益を改善できる。

# 鉄鋼

## シェア至上主義からの脱却

個人的に、2022年の「日経ビジネス」誌を読んでいて最も興味深かったのが、ものづくりキングダムで特集された日本製鉄のエピソードである。2010年代に中国の安値鋼材がアジアに出回り、韓国のポスコも台頭。その影響もあり、彼らの最大顧客であるトヨタ自動車など、自動車大手とのひも付きの価格交渉では負け犬体質が染みついていた。

**2019年に橋本英二社長に体制を移行してからは、「シェアを追うな」「奪われても構わない」という方針に転換。**20年前は固定費が7割、原料などの変動費は3割だったが、その構成が円安で逆転。鉄鉱石や石炭の高騰を価格に反映させることが死活問題となっていた。

そのような中、1つの部品でも欠けたら、自動車メーカーはクルマを造れない、これまで価格交渉は購買の担当者止まりだったが、クルマが造れないとなると価格交渉は社長マターになる、そう考えて強気のスタンスでトヨタとの交渉の席に臨んだ。結果としてトン当たり単価は3割近く上昇した。

橋本社長は社内では普通のことをしているだけ、と話しているという。利益を追求する強気の価格交渉でシェアが下がってもそれは社長の責任といっているそうだ。鉄鋼業は装置産業であるため、営業は常に数量を気にしてきたが、社長の発言を後ろ盾に価格最優先で値上げを断行できたのだ。トップの号令による意識改革の効果は大きい。

## 後決めから先決めへ

トヨタに限らず、自動車メーカーは、どのパーツにどの鋼材を使うかを決め、サプライチェーンのリスク分散、購買価格の低減の観点から、調達先が偏りすぎないよう、シェアをコントロールするのが一般的だ。そのため、最大手の日本製鉄でもクルマ1台における鋼材のシェアは30％といったところである。

また、これまでは鋼材が発注され、自動車メーカーが使用した後に価格が決まる「後決め」が業界の慣習となっていた。営業と購買の価格交渉は半期に1回。鉄鋼メーカーは既に製品を納めているため、価格が安いからといって納品した製品を取り返せない。後決めの慣習が鉄鋼メーカーの価格交渉を不利にしていたのだ。

日本製鉄は20年以上も続くこの商習慣にメスを入れ、「先決め」に変える動きを進めている。鉄鉱石や石炭の市況見通しを予測し、それに従ってコストを算定。仮に見通しよりも実際の市況が上回れば、コストの増分を買い手と交渉するなど価格主導権を確立してきたのだ。

鉄鋼は、製品数が多く、一品一品の値段を個別に交渉するというオペレーションは難しい。そのため、すべての製品を合計したトン当たり単価で調達価格を話し合う。主原料のコスト変動など、自動車メーカーと同じ指標を見ながら議論を進める。自動車メーカーは過去の貸し借り論や競合の価格をちらつかせてくるが、鉄鋼メーカーも、鋼材の強度、加工のしやすさなどの品質の高さ、ゼロカーボンの取り組みなどをテーブルに乗せて、駆け引きを行う。また、供給過剰の状態になると、相手のバイイングパワーが増すため、グレードをわけてそれぞれの需給バランスも調整しながら、会社全体として単価を引き上げる姿勢を貫くことが肝要である。

# タイヤ

## 量と利ざや

タイヤの価格設定と利益管理に関しては、ポートフォリオマネジメントが肝となる。その理由を、ブリヂストンを例に掘り下げてみたい。

まず、自動車メーカーに卸す新車用のタイヤは競合が多く、入札で値段を引き下げられるため薄利だ。コスト構造もガラス張りにさせられ、メーカーとしては手の打ちようがない。ただし、自動車メーカーと開発の初期段階で専用タイヤを共同企画したり、スポーツタイプ用にインチアップできた場合は利益が出やすくなる。そのため、トヨタ、ホンダ、日産といった自動車大手に対しては、車両の開発段階から張り付く体制を整えている。

一方で、市販用は利益を確保しやすい。自動車用品店から競合のミシュランやヨコハマと同じ値段で購入したい、と持ち掛けられても、ブリヂストンとしては代理店や特約

## 図表8
**ブランドポジション**

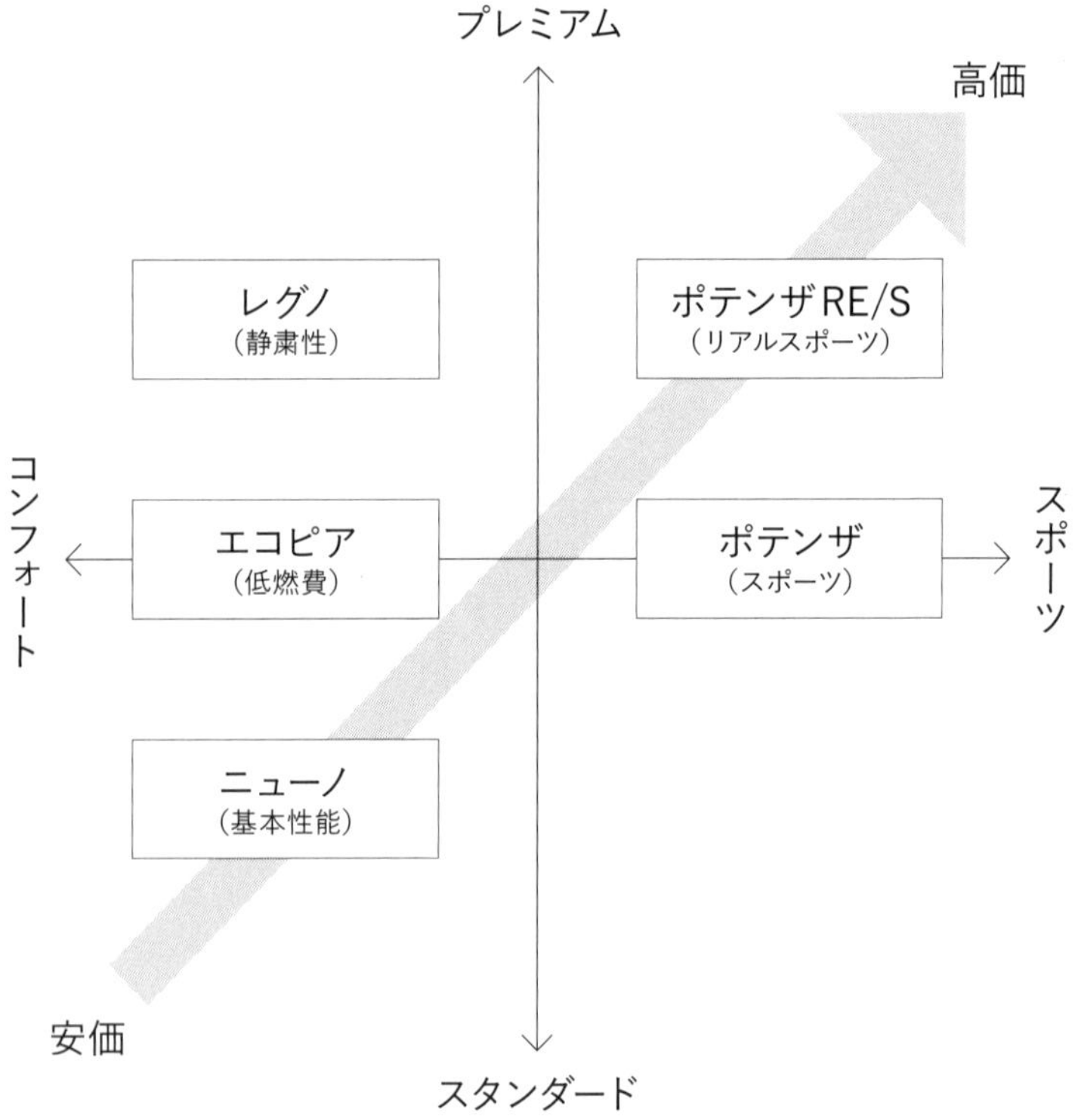

店に卸す値段は変えない。代理店が自社の利幅の中で仕切り価格を調整している。
その他、鉱山で稼働する大型のダンプや航空機のタイヤも競合が少なく、利益が出やすい。

つまり、**汎用品は安く、特殊スペックのものは特別料金とし、前者で量を、後者で利ざやを稼ぐ、**というのがタイヤの商売の基本になる。

ブリヂストンの場合は、ポテンザやレグノ、エコピア、ニューノといった用途によるブランドづくりを大切にしている。ポテンザはスポーティーな乗り心地、レグノは静粛性、エコピアは低燃費、ニューノは基本性能、といったかたちでそれぞれの味付けを変え、とんがった仕様のポテンザはレグノより○%高いポジションに価格を設定するなど、商品体系の中でもそれぞれの価格帯をコントロールしている。

## マーケットマイナス

タイヤの値段の60%は原材料費が占める。そのため、ゴムの値段が上がると価格転嫁をせざるを得ない。しかし、値上げを切り出すと、自動車メーカーからは当然その理由と企業努力の成果を聞かれる。

ブリヂストンとしては、ゴムの仕入れ価格は開示しないが、ゴムの市況価格、ゴムの弾力性を高めるために使う加硫剤などの薬品や補強材の市況価格など、ローマテリアルインデックスを提示し、インデックスが上昇しているときは企業努力の範囲を超えているため値上げを要請している。逆にインデックスが下がればその分、値下げをせざるを得ない。その点はデメリットだが、売り手と買い手のあいだで余計な探り合いがなくなるため、透明性の高い交渉が可能となる。

ただし、自動車メーカー側にも予算があるため、半年先以降の値段交渉となる。長期戦の構えで臨むかたちだ。

市販用タイヤの原価の考え方は、マーケットマイナスが主流だ。各国のタイヤショップをまわってMSRP（メーカー希望小売価格：Manufacturer's Suggested Retail Price）を調査し、最終的な市場価格から小売店の利益、代理店のマージン、メーカーの利益を差し引いて、原価の水準を算定する。これを標準原価に設定して開発を進めるが、品質検査などの工数が増えると利益率が悪化する。その部分はVE（バリュー・エンジニアリング）とVA（バリュー・アナリシス）で利益を創出する活動を行う。

VEは量産が始まる前に開発部門が企画段階でいらないところを削る活動だ。タイヤの機能は失わない範囲でサイドの部分を少し削る、といった対応がこれにあたる。また、

ＶＡは量産が始まってからの活動だ。例えば、生産したタイヤから余ったゴムが飛び出してくることが起きていれば、原料のゴムの量を少し減らして原価も削る、といった対応を行う。サプライヤの切り替えもＶＡの一環にあたる。

最近では、ＴａａＳ（Tire as a Service）のようにタイヤを売り切るのではなく、従量課金で利用するサービスも登場している。ある程度の期間、ユーザーをロックインできるため、エントリー価格を抑えて受注を増やすという手も打てる。また、使用後のタイヤの劣化状況を年間走行距離や走行する道路の舗装状況から予測して値段を変えるなど、少しでも利益を確保する工夫がされている。

## 音響システム

### カスタム提案で差をつける

以前、Ｂ２Ｂの音響システムについて調べる機会があり、売り方がとても面白かったので、皆さんにも紹介したい。ここでいう音響システムとは、野球場、サッカースタジアム、競馬場、コンサートホールなどに導入される音響設備のことである。広い会場では、スピーカーやアンプを単に置けばいいという話ではないのだ。

それは昔の市民球場をイメージするとわかりやすい。ウグイス嬢が「１番センター○○君」と場内アナウンスするとエコーが掛かる。あれはあれで味があっていいのだが、東京ドームや神宮球場でエコーが掛かることはない。その裏には、エコーが掛からないような技術とスピーカーの設置の仕方に関するノウハウが隠されている。これはスタジアムに限った話ではない。日本武道館など有名なアーティストがライブを行う会場で、演奏に遅延が発生したり、席によって音の聞こえ方に差が出ては、せっかくのパフォーマンスが台無しである。

音響システムのメーカー、例えばボーズは、優れた性能を誇る製品だけでなく、各会場に応じた最適なレイアウトをカスタム提案している。**スピーカーの設置場所、設置数、設置角度を会場ごとに調整し、システム全体として最も快適で精度の高いサウンドを出せるよう提案をつくり込む。**それによって、提案に付加価値が加わり、価格勝負になりづらくなるのだ。

## 御用聞きスタイルの撲滅

ボーズはB2B向けの音響システムだけでなく、イヤホンやヘッドホンなどのオーディオ製品も展開しているが、ブランド戦略に基づいて仕切り価格を高くしている。流通側からの値下げ要請にも応じない。

取引先と馴れ合いの関係になってしまうと、御用聞きになり、価格交渉も不利になる。自分たちが主導権を持って交渉できない取引先には卸さないというスタンスを徹底している。その結果、民生品の世界でも値崩れが起きず、高いブランドイメージを構築することに成功している。

# ガスタービン

## 短納期と特急料金

米国を代表するコングロマリット企業のGEは、海上で原油や天然ガスを採掘するための海洋プラント向けにガスタービンを提供している。海洋プラントの採算性に直結するため、ガスタービンには安定した稼働が求められ、故障は許されない。そんな中、彼らはプレディックスと呼ばれるデータ分析のソリューションを開発し、予兆保全サービスとセットで製品を供給している。これにより故障を未然に防ぐ計画的なメンテナンスが可能となり、価格競争に巻き込まれづらくなったのだ。プレディックス自体は無償。あくまで自社の製品を購入してもらうためのフックとして活用している。それにより、導入の敷居を下げている。

予兆保全を行うといっても、万が一、ガスタービンに不具合が発生した場合には、いち早く復旧させることが求められる。その際、サービスの担当がヘリコプターで海洋プラントに駆け付けることになるが、そこでは一発で不具合をなおす精度の高い復旧作業が求められる（QCDのQ）。

データから想定していた箇所とはちがう部位が壊れていた、補修部品を取り寄せるので、もう1回明日部品を持ってなおしにくる、といった悠長な話は通用しない。そのため、**短いリードタイムで確実に修理を行うことに対して、取引先は価値を感じる（QCDのD）。急いでいる＝必要性が高い＝値段が高いか安いかの話にならない＝特急料金を請求できる、といった具合に、納期が短いというのはそれだけで価値がある（QCDのC）。**標準リードタイムと標準価格、特急対応と特急価格をセットにして、取引先に料金を提示できるようにしたいところだ。

## 有償と無償の使い分け

GEにとってプレディックスは彼らの製品を購入してもらうためのフック、という話をしたが、それと似たような事例にウェブサービスの雄・グーグルのビジネスモデルがある。

彼らは、検索やGメール、地図、ユーチューブといった基本サービスをすべて無償で提供している。それは彼らにとってグーグルの事業はあくまで広告ビジネスであって、

## 図表9
## グーグルのビジネスモデル

| | 機能 | 機能の成立要件 |
|---|---|---|
| 周辺サービス<br>（基本無償） | ● 検索サービス<br>● Gmail<br>● Google Map<br>● YouTube | ● 検索エンジン<br>● GPS、グーグルカー<br>● 動画投稿プラットフォーム |
| 本業<br>（有償） | ● 広告 | ● 広告最適化アルゴリズム |

＊一部の周辺サービスは有償化しているが、
あくまで本業につなげるためのフックの位置づけ

それ以外のサービスはすべて顧客基盤の拡大に位置づけられているからだ。

もちろん一部のサービスは、彼らの運営コストを賄うという観点で有償化されている。例えば、グーグルマップを企業のアクセス用の地図に採用する場合、企業側はグーグルが用意したAPIを利用する。そして1カ月当たり2万8500回まであれば無償で地図を読み込むことができる(2023年4月時点)。それを超えると、階段状の単価テーブルが用意されており、それに則って課金されるという仕組みだ。しかし彼らはサービス単位の収支を追い求めているわけではない。ユーザーを増やし、囲い込むためのきっかけに過ぎない。優れたビジネスモデルだといつも感心する。

# 建機農機

## 組み合わせの勝負

建機業界の中でいち早くＩＣＴ化に取り組んだのがコマツである。彼らのスローガンは、ダントツ商品、ダントツサービス、ダントツソリューション。従来のいいモノづくりや質の高いサービスと並行して、機械本体の稼働の見える化、現場の施工の見える化などのソリューションを追求し、付加価値を向上させた。

具体的には、コムトラックス、スマートコンストラクション、ランドログという３つのソリューションを組み合わせた。

コムトラックスは、通信機能を備えた建機から、位置情報、稼働時間、燃料残量などの情報を取得する。日報の作成や稼働時間をベースとした保守計画などに活用される。スマートコンストラクションは、測量や設計のデータをもとに施工計画を最適化したり、切・盛土量の計算、将来的には建機の操作支援までカバーすることで、施工の効率化を実現。ランドログは、機械、土、資材など、建設現場のモノやカネの動きをデータで可視化することで、施工の安全性や生産性を向上させる。

これらのソリューションによって、建設業界の深刻な労働力不足に対処するとともに、ハードの性能や価格だけで勝負しない強い経営基盤の構築につなげたのだ。

これはいまのコマツのビジネスの姿であるが、ここにたどり着くための分岐点がコムトラックスの無償提供だ。さかのぼること2001年、彼らは20万円もする通信ユニットを建機に標準搭載し、それによるコストアップを自社で吸収した。これによって短期目線では2％の利益が吹き飛んだともいわれるが、長期目線ではコマツのブランド価値向上に寄与した。

どこにお金を掛けるか、というのは企業の戦略そのものであるが、**安易に建機本体の値段を下げて販売したり、販売代理店向けのキックバックに使うよりも、こうしてユーザーに価値を売り込むためのきっかけづくりに投資した方が確実に後で回収できる利益が大きくなる。**無償提供に踏み切ったトップの英断は他社も見習いたいものである。

## セット制約でロックイン

農林水産省の農林業センサスによると、基幹的農業従事者は年々数を減らしており、2005年の224万人から、2010年に205万人、2015年に176万人、2020年には136万人と、人手不足、後継者不足が深刻化している。農業は種まき、水まき、農薬散布、害虫駆除、収穫など、非常に労力が掛かる。その上、天候や収穫量、品質によって利益が変動するため、事業のボラティリティが大きい。スマート農業というフレーズがよく聞かれるように、ICT技術に対する期待が大きい分野である。

農機のクボタは、2014年にKSAS（Kubota Smart Agriculture System）と呼ばれるスマート農業ソリューションをリリース。KSAS対応の農機を所有していれば、顧客は無償で基本サービスを利用できる。基本サービスには、機械サポートコースと営農コースの2つが含まれる。

前者の機械サポートコースは、機械の遠隔保守を行うサービス。スマホ・PCで機械の位置、稼働時間、燃費消費量などをリアルタイムで確認できるほか、診断レポート発行、遠隔モニタリングサービスを提供。故障によって稼働が止まることを防止するメンテナンス提案も含まれる。

後者の営農コースは、スマホ・PCを活用して圃場《ほじょう》管理、肥培管理、作業記録を支援するサービス。作物別の圃場面積と収穫高の関係性の分析、作付け計画と肥料計算などを支援する。作業効率の改善、施肥量の削減、高収量の実現、安心安全な良食味米の生産を可能にし、6000軒を超える農家が導入。1年目は無償、2年目以降は月額2000円の課金となる。

クボタの中ではKSASを一つの事業にするという考え方もあったが、いまは自社の農機を選んでもらうためのフックとして位置づける。一度利用して良さを理解してもらえると、KSASとハードのあいだにセット制約が生まれ、他社製の農機への買い替えを防止する役割も果たす。そのため、**料金体系はアプリの運営コストの一部を回収するにとどめ、利用しやすい水準に設定している。ハードとソリューションを組み合わせたビジネスは、料金にこういったメリハリがつけられるかどうかが成否を左右する。**

## 食品卸

### 脱・十把一絡げ

日本国内の人口減少の影響を受けて、しょうゆ、みそ、食酢、みりん類などの伝統的な基礎調味料の売上は落ち込んでいる。ケチャップやソース、マヨネーズも頭打ちだ。食生活の多様化と、調理の時短が求められるにつれて、汎用的な調味料は使用量が減り、価格も下がっている。健康意識が高まることで減塩・無添加の商品が増えたり、短時間で本格的な味が楽しめる総菜調味料が成長している点は明るい兆しだ。一般家庭向けには小容量で使い勝手がいいパッケージも好評である。

このような苦しい事業環境の中で、利益を伸ばしているのが味の素である。ここ5年、売上はほぼ横ばいでありながら、利益は約20％もアップしている。グローバルに事業を展開しているが、日本国内できちんと利益を伸ばしている点は特筆すべきだろう。

社名にもなっている主力製品の味の素は、一般家庭用、外食用、食品製造業用の3つに販路がわかれる。一般家庭用は75グラムの小瓶、外食用は20キログラムの段ボール、食品製造業用は50キログラムのドラム缶で取引先に納品される。食品製造業用は子会社の販社、それ以外は商社が卸として商流に入る。値段に関しては、味の素が決定しているのは一次卸への生産者販売価格のみ。それ以外は流通側でコントロールされる。多くの数量を販売した一次卸にメーカーからリベートを渡す仕組みがあるが、それは昔も今も変わらない。

実際の取引では、外食用、食品製造業用は価格勝負になりやすい。ともすれば海外の競合メーカーの調味料と十把一絡げに扱われ、価格だけの勝負になってしまいがちである。味の素に限らず、日本の調味料メーカーは、品質と価格のバランスを強調するとともに、基礎調味料、うま味調味料、だし、など製品群の総合力も前面に出して戦っている。

## 末端価格までケアする

**味の素では、調味料の値段を原価に利益を上乗せしたマークアップと、市場アクセプタンスの両方から決めている。**市場アクセプタンスとは、つまり末端の消費者に受け入れられる価格のことである。私は以前、アンケート調査のモニターをしていたが、味の素に限らず、食品や調味料に関するアンケートはとてもよく届く。食品や調味料のメーカーの担当者が苦労してユーザーの声を集め、それをもとに商品の企画と原価設定を行っている姿が目に浮かぶ。

ただし、彼らもアンケート調査だけでは適正価格の妥当性が担保できないことは十分に理解している。それは回答者が見栄を張ったり、いい人すぎるからだ。そのため、本音が聞けるFGI（フォーカスグループインタビュー）やサンプル品の留め置き調査を行ってから仕上げにアンケートで定量化するというアプローチをとっている。食品である以上、試食をしてもらわないと、実際の価値は推し量れないということもFGIや留め置き調査を行う意義にもなっている。価値に見合わない値段をつけ、一回店頭から外されるとリバイバルは難しいという業界の習わしもあるため、検討は慎重に行われる。

なお、原価企画においては、上市後、5年でどのくらいの利益が出るかの計画が中心である。新商品の場合、初年度は広告宣伝に費用が掛かるため、５年で累損を解消し、利益を出す絵を描くのが一般的だ。３年経っても赤字が続く商品は、御白州の会議に呼ばれ、値段の改定、販促費の削減、原価低減などの施策を織り込んだ修正計画がつくられる。足下の好不調の波に一喜一憂せず、頻繁に商品ブランドを変更せず、細く長くつなぐ策を考えるのも中長期的な利益アップの視点ではとても重要である。

# 通信サービス

## 土俵を変える

ＮＴＴドコモ、ソフトバンク、ＫＤＤＩ。これら通信キャリア大手の法人営業といえば、ソリューション営業のイメージが強い。扱う製品は、固定電話回線、モバイル、インターネット、ＶＰＮサービス、ネットワークセキュリティ、各種クラウドサービス、リモート会議ツールと、幅が広い。

ソフトバンクの場合、法人事業の売上は全体の12％と決して大きくはない（２０２２年3月期）。しかし、稼ぎ頭である一般のコンシューマー向けの事業は、契約者数の頭打ちや通信料の値下げの影響を受けて減益傾向。それを法人事業とヤフー・ＬＩＮＥ事業の増益でカバーしているのが現在のソフトバンクの経営状況だ。法人事業への期待は大きい。

ソリューション営業の入口は、一にも二にも取引先の課題にある。イシュードリブンという言葉があるが、まさにそれである。とはいえ、取引先から課題をすべて聞き出せるわけではない。こちらから課題仮説を提示し、それらを解決するソリューション提案につなげる。そうすることで、単にスマホを5台売る、といったような価格競争に巻き込まれやすい提案とは一線を画した内容に仕上がる。

提案は、パッケージ化することが大切だ。ソフトバンクにとって、ｉＰｈｏｎｅもマイクロソフト３６５も他社製品だ。アップルやマイクロソフトからの卸値は決まっている。しかも彼らは末端のユーザー企業向けに、自社のサービスが値下げ販売されないよう、現行のベンダーに有利な取引条件を提示している。ベンダー同士で血みどろの値下げ競争が起きないようマージンをコントロールしているのだ。

そのため、**単一の製品で勝負するのではなく、自社のクラウドやセキュリティと組み合わせることで提案をパッケージ化し、土俵を変える。さもなければ利益は出づらい。**もちろん複数のサービスをパッケージ化するとトータルの金額が上がり、取引先に受け入れられない可能性がある。取引先の予算に応じてうまくバンドルする範囲を調整する。

## ランクアップと武器

先ほど、iPhoneやマイクロソフト365の卸値は決まっていると述べた。事実そうなのであるが、細かくはパートナーシップ制度がある。これはより多くの製品を販売しているベンダーをプレミアムパートナー、ゴールドパートナーといったかたちでランクアップする制度。ランクアップすると、受け取ることのできるマージンや販売奨励金（キックバック）が増える。それを武器として、他社に乗り換えられないよう、うまく提案金額を調整しながら交渉を進めるのも法人営業の腕の見せ所というわけである。

また、マイクロソフトがZoomからリモート会議ツールのシェアを奪おうと、期間限定でTeamsの販売奨励金を増額するケースがある。その場合、それをうまく使って、いま入り込めていない取引先に猛攻を仕掛けることも可能だ。いずれにしても、使える武器を駆使して売上や利益をつくる活動も大切なのである。

# 事例のカテゴライズ

ここまで紹介してきた12業界の事例を、第2章で紹介した「意識」「価値」「手札」「交渉」の4つの課題に分類すると以下のようになる。

・電子機器：価格で売らずに効果を売る（手札）、製品に定価はない（交渉）
・自動車部品：大部屋への参画（価値）、調達同盟（交渉）
・半導体：二刀流戦法（交渉）、バッファのある設計（交渉）
・複合機：マネージドサービスへ（手札）、ワンパッケージ（手札）
・照明機器：実質無償の成果報酬（手札）、ブラックボックス化（意識）
・鉄鋼：シェア至上主義からの脱却（意識）、後決めから先決めへ（交渉）
・タイヤ：量と利ざや（意識）、マーケットマイナス（意識）
・音響システム：カスタム提案で差をつける（価値）、御用聞きスタイルの撲滅（意識）
・ガスタービン：短納期と特急料金（価値）、有償と無償の使い分け（手札）

## 図表10
## 成功事例と課題の関係図

### 意識

- ブラックボックス化
- シェア至上主義からの脱却
- 量と利ざや
- マーケットマイナス
- 御用聞きスタイルの撲滅
- 末端価格までケアする

### 価値

- 大部屋への参画
- カスタム提案で差をつける
- 短納期と特急料金
- 土俵を変える

### 手札

- 価格で売らずに効果を売る
- マネージドサービスへ
- ワンパッケージ
- 実質無償の成果報酬
- 有償と無償の使い分け
- 組み合わせの勝負
- セット制約でロックイン
- 脱・十把一絡げ

### 交渉

- 製品に定価はない
- 調達同盟
- 二刀流戦法
- バッファのある設計
- 後決めから先決めへ
- ランクアップと武器

・建機農機：組み合わせの勝負（手札）、セット制約でロックイン（手札）
・食品卸：脱・十把一絡げ（手札）、末端価格までケアする（意識）
・通信サービス：土俵を変える（価値）、ランクアップと武器（交渉）

次章以降、「意識」「価値」「手札」「交渉」の4つの課題の切り口から、B2Bの値上げの秘訣を書き記していく。どうすれば値上げが受け入れられ、利益の向上に貢献できるか。本章で取り上げた企業の取り組みやこれまでの私のコンサルティング経験を余すことなく盛り込み、読者の皆さんにポイントとしてお伝えできればと思っている。引き続き、読み進めていただきたい。

なお、第4章から第6章までは、それぞれ「価値」「手札」「交渉」の順に取り上げる。「意識」については、既にこれまでの章で触れており、第7章でもそのエッセンスを解説したいと思っている。

# 第3章のまとめ

○電子機器）価格で売らずに効果を売る：キーエンスのモノづくりの方針は、「1位にならないものはつくらない」。競争に巻き込まれない分、高い値段で販売できる。また、価格ではなく導入効果を前面に出すことで高い利益率を実現している。

○電子機器）製品に定価はない：キーエンスのプライシングに定価の概念はない。導入効果を拠り所としているため、取引先によって提示する値段がことなる。下限は営業利益率の目標値。

○自動車部品）大部屋への参画：日系の部品メーカーは、自動車メーカーの要望に合わせたカスタム設計に強みがある。その分、単価は上がるが、大部屋に参画して一点ものをつくり込むことで、コンペを回避している。

○自動車部品）調達同盟：購買部門は単価の低減が目標管理指標になる手強い存在だが、強い関係性を築く中で、サプライヤ別の購入予定リストや、競合他社との取引情報をストックできる。

○半導体）二刀流戦法：インテルは、安価な製品ほどボリュームディスカウントを減らし、高価な製品ほどマーケティングファンドを手厚くする二刀流戦法を使っている。

○半導体）バッファのある設計：半導体各社のディスカウントテーブルはバッファを持たせて設計されており、取引先との交渉の中で、少しずつバッファを崩しながら、最終的な落としどころを探っている。

○複合機）マネージドサービスへ：リコーのマネージドサービスは、コスト最適化と業務プロセス改善を意図しており、複合機のリースや保守業務だけでなく、使用状況報告書やレイアウト提案まで含まれる。

○複合機）ワンパッケージ：リコーのマネージドサービスは、複合機の契約が部署別、フロア別に分かれていてもビル単位で統合し、他社機の一元管理も含めてワンパッケージ化できる。

○照明機器）実質無償の成果報酬：フィリップスは、照明機器のハード、保守、運用サービスを加えた包括契約サービスLightning as a Serviceを提供。LEDの初期費用と補修費用を、取引先に課さず、フィリップス自身が街灯のLED化で削減した電気代から賄っている。

○照明機器）ブラックボックス化：サービスを含む包括契約では、サービス品質基準（SLA）を合意する。SLAを遵守しつつ、運用の中身はブラックボックス化すると利益率を上げやすい。

○鉄鋼）シェア至上主義からの脱却：日本製鉄は社長が価格交渉の最前線に立ち、シェアを追わないスタンスで、強気の交渉、価格最優先での値上げを断行。

○鉄鋼）後決めから先決めへ：これまでは後決めが業界の慣習であったが、現在は鉄鉱石や石炭の市況見通しを基準に価格を先決めし、後でコストの増減を買い手と調整する方法に転換。

○タイヤ）量と利ざや：タイヤの価格設定と利益管理はポートフォリオマネジメントが肝。汎用品は安く、特殊スペックのものは特別料金とすることで、前者で量を、後者で利ざやを稼ぐ。

○タイヤ）マーケットマイナス：市販用タイヤの原価はマーケットマイナスが主流。各国のMSRP（メーカー希望小売価格）を調査し、そこから小売店や代理店のマージン、メーカーの利益を差し引いている。

○音響システム）カスタム提案で差をつける：ボーズは、スタジアムやホールなど各会場に応じた最適なレイアウトをカスタム提案。それによって、提案に付加価値を加え、価格勝負を回避している。

○音響システム）御用聞きスタイルの撲滅：ボーズのオーディオ製品は仕切り価格が高く、値下げ要請にも応えない。取引先と馴れ合いの関係、御用聞きになることを避け、高いブランドイメージを構築。

○ガスタービン）短納期と特急料金：海洋プラント向けのガスタービンは故障が死活問題。短いリードタイムで確実に修理を行うことに取引先は価値を感じる。GEは特急対応に特急価格を上乗せ。

○ガスタービン）有償と無償の使い分け：グーグルは、検索、Gメール、地図、ユーチューブといった基本サービスを顧客基盤拡大と位置づけすべて基本無償で提供。それを本業の広告で回収。

○建機）組み合わせの勝負：コマツのスローガンは、ダントツ商品、ダントツサービス、ダントツソリューション。建設業界の深刻な労働力不足に対処し、ハードの性能や価格だけで勝負しない構え。

○農機）セット制約でロックイン：クボタは、KSASと呼ばれるスマート農業ソリューションをリリース。初年度は無償。KSASで儲けを出そうとせず、自社の農機を選んでもらうためのフックに位置づけている。

○食品卸）脱・十把一絡げ：外食用、食品製造業用の調味料は価格勝負に陥りやすい。味の素の強みは品質と価格のバランス。製品群の総合力も前面に出して戦っている。

○食品卸）末端価格までケアする：味の素はマークアップと市場アクセプタンスの両方から値段を決定。市場アクセプタンスはアンケート調査とFGI、サンプル品の留め置き調査を組み合わせている。

○通信サービス）土俵を変える：通信キャリア大手の法人営業はソリューション営業。取引先の課題仮説で提案を組み立て、他社製品と自社のサービスを抱き合わせた土俵で勝負している。

○通信サービス）ランクアップと武器：他社製品はパートナーシップ制度があり、販売数量に応じてマージンや販売奨励金が増える。それを使って入り込めていない取引先に猛攻を仕掛けることも有効。

# 第4章

# B2Bの値上げの秘訣①

## ――価値創造編

## 価値創造がすべての起点

### 3つの壁①：認知の壁

第1章の旭川電気軌道の事例で、安さ＝価値ではないことをお伝えした。このケースに限らず、当然、どの企業も安さだけで勝負したいとは考えていない。だが、実態としてそうなってしまっていることは少なくない。では、どうすれば価格の安さだけに消費者や取引先の目が向かないようにできるか。本章では、その方法について紹介したい。

図表11をご覧いただきたい。これは、消費者が商品やサービスに興味を持ち、消費行動につながるまでの流れを表したものである。最終的なゴール「購入のレバーが押される」にたどり着くまでには、3つの壁を越えなければならない。順に認知の壁。価値の壁。価格の壁だ。それぞれ説明したい。

**図表11**
**購入のレバーが押されるまでのステップ**

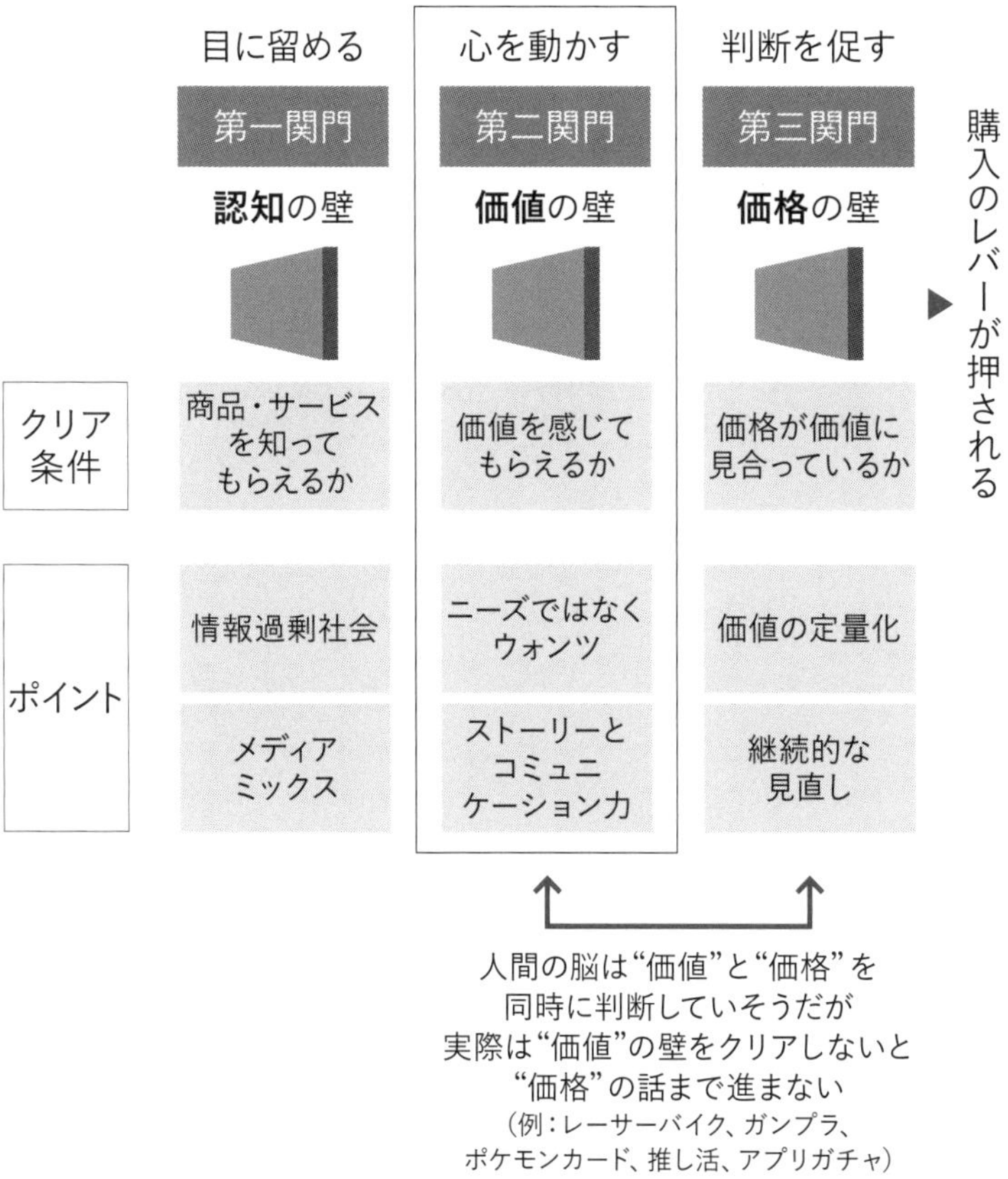
目に留める
心を動かす
判断を促す
第一関門
第二関門
第三関門
認知の壁
価値の壁
価格の壁
購入のレバーが押される
クリア条件
商品・サービスを知ってもらえるか
価値を感じてもらえるか
価格が価値に見合っているか
ポイント
情報過剰社会
ニーズではなくウォンツ
価値の定量化
メディアミックス
ストーリーとコミュニケーション力
継続的な見直し
人間の脳は“価値”と“価格”を
同時に判断していそうだが
実際は“価値”の壁をクリアしないと
“価格”の話まで進まない
(例:レーサーバイク、ガンプラ、
ポケモンカード、推し活、アプリガチャ)

最初に、購入に至るまでの第一関門として認知の壁がある。消費者や取引先の目に留めることができるかだ。これは至極当たり前のことであるが、商品・サービスの存在を知ってもらわなければ何もはじまらない。マーケティング界隈ではよくＡＩＤＭＡ（Attention 認知、Interest 興味、Desire 欲求、Memory 記憶、Action 行動）という言葉を使って語られるが、その冒頭のＡに当たる部分のことである。

この壁をクリアできるかは、文字通り、商品・サービスを知ってもらえるかがすべてである。そして、ここでのポイントは情報過剰社会において、消費者の目に留まるか。そのためにマス広告やウェブ広告などのメディアミックスを駆使して効率よくターゲット層にアプローチできるかだ。なお、ここの領域に関しては、完全に広告宣伝のど真ん中のテーマである。

私も以前、広告宣伝のコンサルティングを少しかじった経験があるが、この世界はこの世界で非常に奥が深い。本書のテーマからは外れるため、詳しいことは割愛するが、限られた予算の中で最大限効率よくターゲット層の認知を獲得する方法を、広告代理店の力も使って考えていく。

## 3つの壁②：価値の壁

次に、第二関門として価値の壁がある。消費者や取引先の心を動かすことができるかだ。実はここが最大の関門となる。〝価値〟を感じてもらえるか、それをクリアしてはじめて〝価格〟が価値に見合っているかの判断に移行する。**消費者に価値を感じてもらえなければ、それがいくら安くても手に取ってもらえない。**

人間の脳は、〝価値〟と〝価格〟を同時に吟味して消費を判断しているように思うかもしれないが、実際は〝価値〟の壁をクリアしないと〝価格〟の話まで進まない。わかりやすい例として、巷ではポケモンカード（ポケカ）が流行っている。そもそも新品のカードパックがなかなか手に入らず、レアリティの高いカードはプレミアがついている。しかし、これはポケモンに興味がない方や、カード集めに関心がない方からすれば、なぜそこまで人気があって、プレミアまでつくのか理解しづらい。しかし、ポケモン世代の熱狂的なファンからすれば、ポケカは立派な趣味の一つなのだ。

つまり、価値を感じるか、どのくらいの価値を感じるかで、受け入れられる価格の幅にちがいが出る、というわけだ。ポケカ以外にも、ガンダムのプラモデル、アプリゲームのガチャの課金、有名スポーツ選手のサイン入りユニフォームなど、価値を感じる方は財布の紐が緩むが、そうでない方は仮に1円だとしても購入したいと思わないだろう。つまり、**価値創造とプライシングはセットなのだ。価値がないのに高い値段はつけられない。この順番を間違えないようにしたい。**

ここで皆さんが疑問に思うことが、どうすれば消費者や取引先に自社の商品・サービスの価値を感じてもらえるかであろう。これには2つのポイントがある。1つは、ニーズではなくウォンツ、もう1つは、ストーリーとコミュニケーション力である。それぞれ後段の章や節で詳しく述べたい。

## 3つの壁③：価格の壁

最後に、第三関門として価格の壁がある。消費者や取引先の判断を促すことができるかだ。設定した価格が商品・サービスの価値に見合っていてはじめて取引が成立する、というわけである。ここで**大切なことは、顧客目線で価値を定量化すること**である。これは他社の製品にはない機能があったとして、その機能に対して顧客は追加でいくら払ってくれるか。その額を定量化するイメージに近い。

エアコンを例にとるとわかりやすい。他社の製品よりも効きがよく、電気代が安ければ顧客は少し高くても興味を持つだろう。仮に10年使用する場合、年間の電気代が300円安くなるのであれば、本体価格が3万円近く高くても、購入候補に入るかもしれない。一方で、センサーで部屋にいる人の位置を感知して、そこに風を届ける機能についてはどうだろうか。直接身体に風が当たるのを嫌がる人、特に部屋が大きいわけではないのであまり冷却・暖房効果に差を感じない人、そういった消費者にとって、この機能の追加でプラス1万円といわれてもピンとこない。

日本の家電メーカーは良かれと思って、色々な新機能を開発し、そのコストを価格に転嫁しているが、消費者にとってその追加分が価値に見合っていなければ購入に至らず、メーカー側の自己満足になってしまう。特に家電は値ごろ感が重要な商材であるため、この辺りの価値と価格のバランスを原価企画の段階から意識して商品を企画、開発しなければならない。

## 価値の定量化と振り返り

なお、価値を定量化する方法論としては、拙書『プライシングの技法』でも取り上げた価格弾性値によるシミュレーション、PSM分析なども効果的であるが、より手軽な方法としてフィールドテストも有効である。

同じような販売実績を持つエリアAとエリアBをピックアップする。エリアAでは新機能を加えた商品を自社の希望する価格で販売し、エリアBでは商品の機能も価格も据え置く。これによって、売上にどのような差が表れるかをチェックするのである。

仮に、エリアAの売上が好調である場合、消費者や取引先に受け入れられたことを示している。もう少し値段を上げられないか、値段を少し下げてもう少し売上を伸ばせられないかなど、別の角度での検証が必要になった場合、再度似たようなエリアを選定し、そこでテストマーケティングを行う。このような地域別調査を駆使することも考えたい。

価値の定量化以外に、もう一つ大切なこととして、価格が価値に見合っているかを継続的に振り返り、適宜、価格を見直すことが挙げられる。先ほどのエアコンの例で、仮に昨今のエネルギー政策、再エネ投資の流れの中で、そもそもの電気料金の単価が上げ下げされると、どうだろうか。それによって、電気代の削減効果が変わり、本体価格が3万円高いという水準の妥当性も変わる。また、競合が自社よりも省エネ性能、冷却・暖房性能の高い製品を同じ価格で投入してきたら、どうなるだろうか。これも本体価格が3万円高いという水準の妥当性に影響を与える。

おわかりいただけた通り、一度設定した価格の妥当性は、外部環境の変化によって変わってしまう。プライシングに長けた企業は、**毎週、毎月といったモニタリングサイクルを決め、市況や競合の動きをウォッチしながら、設定した価格の妥当性をこまめに振り返り、タイムリーに見直す作業を行っている。**これも購入のレバーを押し続けるという意味ではとても重要である。できていない企業は認識を改めて取り組まなければならない。

# ニーズではなくウォンツを満たす

## 必要なものと欲しいもの

ここでは前節の価値の壁のくだりで触れた、どうすれば消費者や取引先に自社の商品・サービスの価値を感じてもらえるか、のポイントの1つを解説したい。Ｂ２Ｃの香りが強い話ではあるが、Ｂ２Ｂへも応用が利くため、考え方のエッセンスとしてお伝えできればと思っている。

図表12を見ていただきたい。これは横軸にニーズ、縦軸にウォンツをとり、それぞれ高いか低いかで４つの象限にわけたものだ。ここでいうニーズは必要性、ウォンツは欲求として定義をしている。それぞれについて順番に見ていきたい。

まずは左下。これはニーズもウォンツも低いものだ。これは文字通りオワコンである。

図表12
**ウォンツ×ニーズマトリクス**

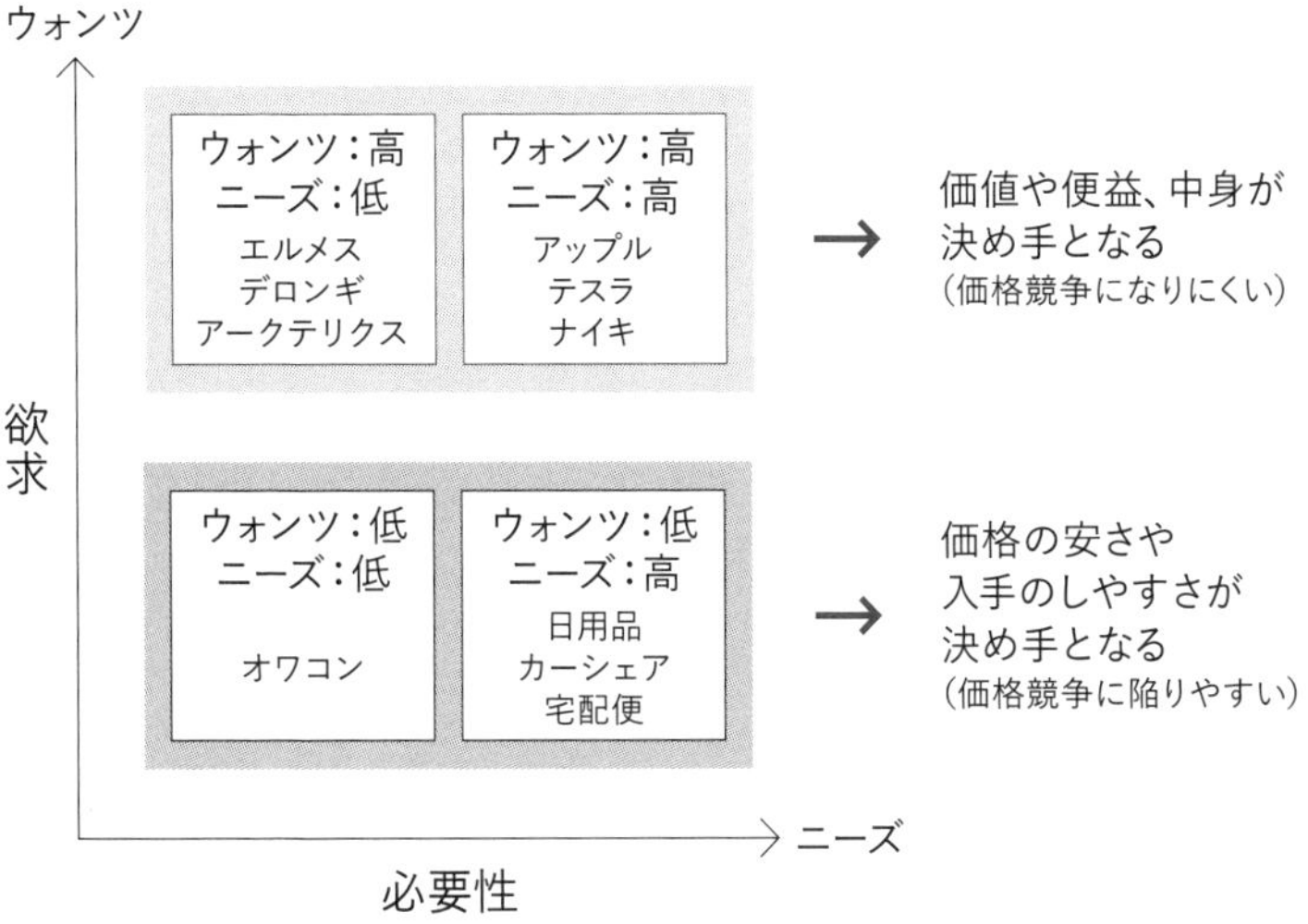


消費者や取引先に求められていないため、事業として成立しない。

　次に右下。これはニーズが高く、ウォンツが低いものだ。例として、日用品、カーシェア、宅配便がある。ティッシュペーパーやトイレットペーパーは生活必需品であるが、トイレットペーパーがほしくてワクワクする（ウォンツが高い）人はいないだろう。カーシェアも同様だ。移動先の体験には心躍るものがあるだろうが、カーシェアはそこまでの移動手段にすぎない。宅配便も送りたい荷物があるから利用するもので、衝動的に使いたくなるものではない。

ここの象限に入る商品・サービスは価格の安さや入手のしやすさが決め手となることが多い。宅配便も届くのに同じ時間がかかるなら少しでも安い方がよいし、カーシェアも自宅から近くて安いものを選ぶ人が大多数だろう。非常に価格競争に陥りやすいゾーンだといえる。

次に左上。これはニーズが低く、ウォンツが高いものだ。例として、エルメス、デロンギ、アークテリクスがある。エルメスのバーキンを持っていなくても家にある別の鞄で外出はできる。デロンギのコーヒーメーカーがなくてもドリップコーヒーは淹れられる。アークテリクスのウインドブレーカーがなくてもノースフェイスを羽織れば街着も山登りも問題ない。でも、欲しいのである。

バーキンの圧倒的なブランドステータス、デロンギから漂う生活のゆとり、みんな同じものを着ているという光景にうんざりした人がアークテリクスを身につけたときの高揚感。こういったものがウォンツの軸で消費を喚起し、高い値段でも商品・サービスが売れる理由となっている。

最後に右上。これはニーズもウォンツも高いものだ。例として、アップル、テスラ、ナイキがある。ｉＰｈｏｎｅは言わずと知れたスマホの代名詞。新型発売時の行列は毎度おなじみの光景で、人気に裏打ちされて値崩れもしない。テスラのグローバルの販売台数は日系自動車メーカーで第3位の日産に追いつく勢いだ。スマートで未来的なイメージが富裕層に受け入れられている。ナイキの駅伝シューズは高価だが、履くとタイムを更新する選手が続出。値段は3万円近くもするが、お正月の風物詩である箱根駅伝や東京マラソンでもこぞって着用されている。

アップル、テスラ、ナイキの3社に共通しているのは強いブランドがあることだ。商品・サービスが優れているだけでなく、強いブランドがあるからファンが生まれ、人気が出る。人気が出るから高い値段でも売れる。そんな好循環が生まれているのだ。先ほど、ウォンツが低いと、価格の安さや入手のしやすさが決め手となり、価格競争に陥りやすいことを述べた。逆に**ウォンツが高いと、価値や便益、中身が決め手となり、価格競争になりにくい。**これがニーズではなく、ウォンツを追求すべき真の理由である。

ではどうすればウォンツを高めることができるのか。次項以降で掘り下げたい。なお、エルメスやナイキなど歴史のあるブランドは、時間をかけてブランドのステータスを築いてきた。簡単に真似できるものではないため、ここでは比較的若いブランド、テスラを解剖することでインサイトを得たい。

## カーボンニュートラルとEVの雄の誕生

昨今のカーボンニュートラルの取り組みの中で、自動車業界では電動化の流れが加速している。日本でも、2050年カーボンニュートラルに伴うグリーン成長戦略を策定し、その中で、2035年までに乗用車の新車販売をすべてハイブリッド車、プラグインハイブリッド車、EV（電気自動車）、FCV（燃料電池車）にすることを宣言した。電気自動車の普及を後押しすべく、2030年までに急速充電器をいまの4倍となる3万基設置する計画も盛り込まれている。

これまで日産や三菱を除く国内の自動車メーカーは、EVに対して慎重な姿勢を見せていたが、今回の日本の政策や、2035年に欧州でハイブリッド車の販売が禁止となるグリーンディール法案が発表されたことで、180度の方針変換を余儀なくされた。トヨタは2030年にEVの販売台数を350万台に、ホンダは2040年までにEVの販売比率を100％にする方針を打ち出している。

世界に目を向けると、2022年の自動車メーカー別のEV販売台数は、米国のテスラが首位で131万4000台。2位は中国の比亜迪（BYD）の91万1000台。3

位は同じく中国の上海汽車集団（SAIC Motor）で75万台。４位はドイツのフォルクスワーゲングループで57万２０００台（いずれも独センターオブオートモーティブマネジメントの公表値）。首位のテスラは前年比で40％増と大きく伸びた。日本でも街中でテスラを見かける頻度は最近さらに高くなったと感じる。

なお、テスラの時価総額は２０２１年10月に１兆ドルの大台を突破。これはトヨタ、ホンダ、日産、スズキ、スバル、マツダ、三菱など主要な日系自動車メーカーの合計の２倍以上の規模である。

ＥＶで脚光を浴びるテスラは、後発でありながら、なぜここまでの成功を収めることができたのか。ウォンツをつくり出すことに成功したカラクリを、「企業理念」「ビジネスモデル」「プライシング」を絡めて考察したい。

## テスラが根強いファンを生んだ理由

テスラが現在の主力車種であるモデル３の量産を開始したのは２０１７年。他の自動車メーカーとは比較にならないほど歴史が浅く、完全に新興の自動車メーカーである。

ＥＶの成功要因を語る前に、彼らの企業理念を見てみたい。テスラは自社のミッショ

## 図表13
## テスラの時価総額の推移

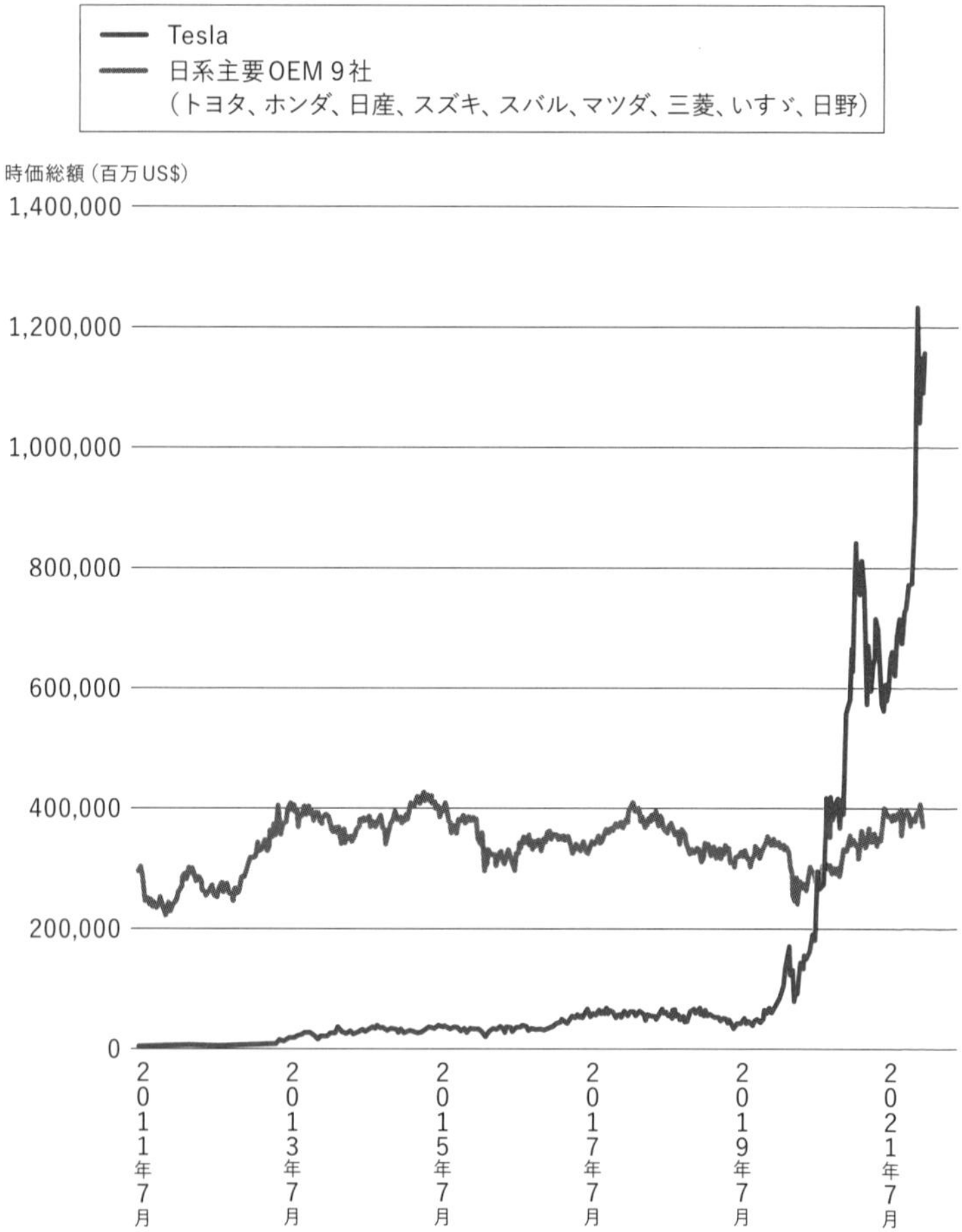


出所：各社財務諸表

ンを「世界の持続可能なエネルギーへの移行を加速させること」と定義している。EVひいては自動車をつくることは理念の片隅にもない。彼らにとってEVはコアではなく、ピースの一つなのだ。現にテスラは、図表14のように、自動車事業以外にも、充電器事業、蓄電池事業、発電機事業、ソーラー発電事業、宇宙事業など、ゼロエミッション社会の実現に向けて様々な事業を手掛けている。

太陽光で発電したグリーンな電力（再生可能エネルギー）を街中の急速充電器や家庭の蓄電池に供給してEVの充電に使い、EVで使用された中古バッテリーは蓄電池に二次利用する、といったかたちで、事業間でエネルギーや資源を循環させる巧みなライフサイクルビジネスを構築している。

テスラの文化・風土として、イノベーティブであり続けること、失敗を許容すること、も特徴的だ。前者は、世の中の課題を見つけて新しい手法でそれを解決する。それこそがイノベーションの神髄、と考える。後者は、NASAでは失敗は許されないが、スタートアップに失敗はつきもの。オールグリーン（失敗がないこと）は非イノベーティブな証拠、と言い切る。

このような姿勢が自動車事業だけでなく、スペースXに代表される宇宙事業にも息づ

図表14
**テスラの事業展開**

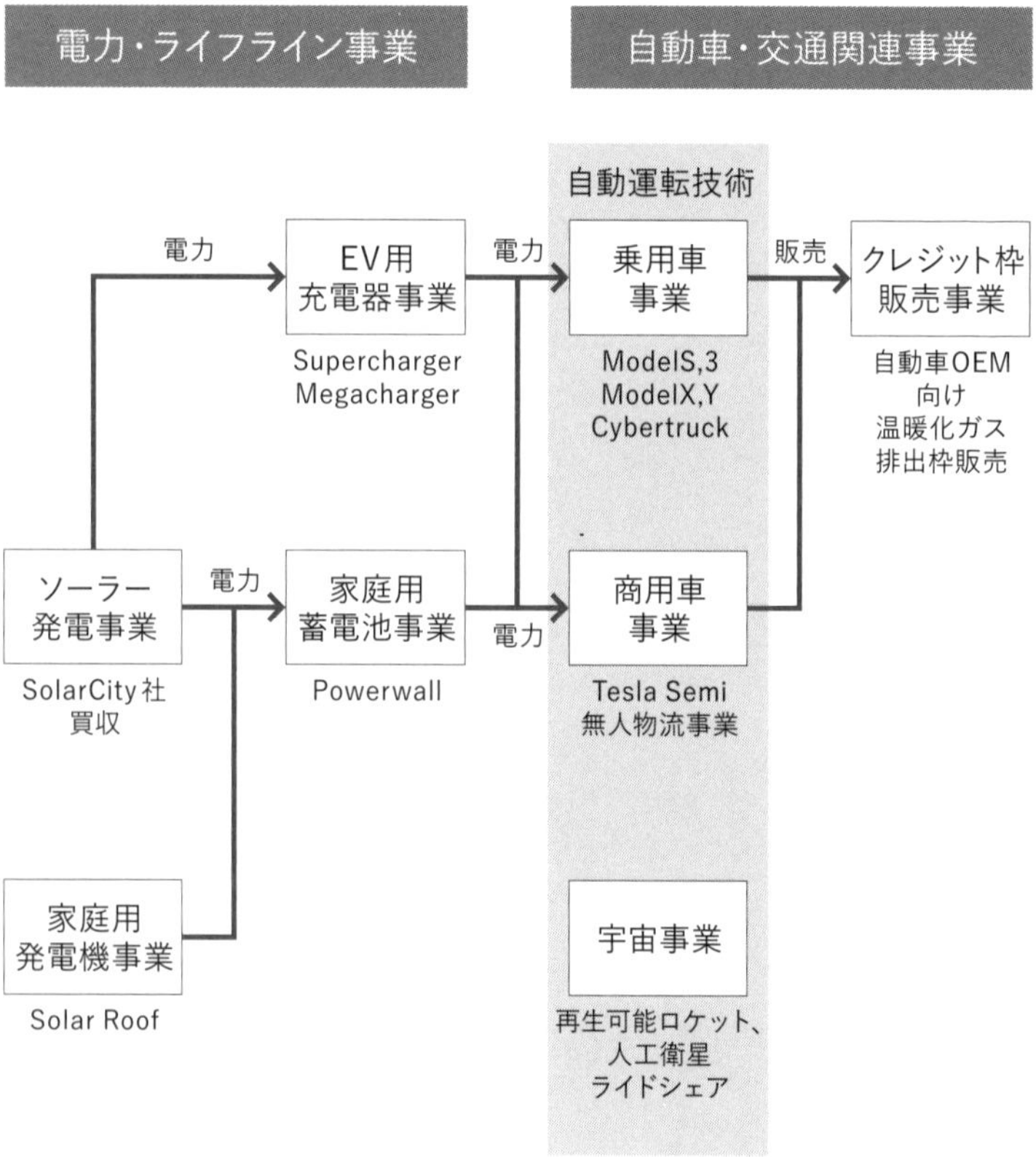

き、ロケットブースターの再利用、人工衛星のライドシェアなど、革新的な技術やサービスを生み出している。これらの企業理念、文化・風土がテスラの根強いファンを生み、強いブランドの礎になったともいえるだろう。

## 幾層にも重なる戦術

続いて、テスラがEVで成功を収めることができたポイントを掘り下げていきたい。

まず、EVに関しては、航続距離の短さ、充電の手間、残価がつきづらい、という3つの壁がこれまで普及を阻んできた。いわゆるペインポイントになっていたのである。これに対してテスラは、1回の充電で600キロメートル以上走行、20分の急速充電で300キロ以上走行可能なEVを投入。全米で2万カ所以上の充電スポットも自前で整備するなど、EVのユーザーが電欠に不安を感じない環境を誰よりも早く構築した。残価の問題に関しては、OTA（Over The Air）と呼ばれる通信技術を使って、最新の自動運転機能を購入後でもアップデートできるサービスを提供。

これによって、クルマが時間の経過とともに機能が古くなり陳腐化する（すなわち残価が下がる）という現象に歯止めをかけた。テスラは他の自動車メーカーのように3年や5年といったスパンでモデルチェンジを行わないため、年数が経っても外見の顔つきに変化はない。そのため、中身のソフトウェアの更新で最新のクルマと同じ状態にできるのだ。

事実、彼らの主力製品のモデル３は３年後の下取り価格が新車価格から10％しか下落しない。同じＥＶでも、日産の主力製品のリーフは３年後の下取り価格が60％も下落する。ユーザーにとっては、新車の乗り出し価格だけでなく、売却時の残価がいくらになるかも、ＴＣＯ（総保有コスト：Total Cost of Ownership）として自分が支払う総額に跳ね返ってくる。その意味で残価が高いというのは魅力だ。

新興メーカーであり体力がないためモデルチェンジを頻繁にできないという弱みを逆手に取り、ソフトウェアの更新という追加コストの低いサービスで課金。それを残価が下がらない仕組みにつなげている辺りはさすがの一言に尽きる。

また、大容量のバッテリーを搭載したテスラは、フェラーリやランボルギーニといったスーパーカーよりも加速性能が高い、という動画がＳＮＳで拡散され、ＥＶの運転は楽しくない、というこれまでの常識も覆したのだ。こういった情報発信の仕方一つをとっても彼らのマーケティングのうまさが光っている。

加えて、バッテリーなどの主要部品の内製化、ラインナップの数を絞ることによるオペレーション効率の向上、オンライン販売による販売費の削減などの工夫によりコストも抑制している。

## １年間で10回の値上げ

テスラからは、プライシングの考え方についても学ぶべきことが多い。主力セダンのモデル３は、２０２１年に日本市場で実に10回も小刻みな値上げを行い、年初から年末にかけて約３割高くなっている。２０２２年もその傾向は続き、価格は常に上昇トレンドだ。これまではモデルチェンジのタイミングで価格を見直すというのが業界の通例であったが、テスラはオンライン販売という強みを活かし、ブランディングや需給バランスを考慮して、非常に細かく価格をコントロールしているのだ。

**人気があり、欲しいと思う消費者が多いのに安く売る必要はない、高くすることで手に入れづらくなり、羨望の的となる。**非常にシンプルなプライシング戦略ではあるが、値上げの苦手な日本企業は大いに見習うべきだろう。

このように、テスラはＥＶ、充電器、ＯＴＡによるソフトウェア課金、蓄電池といったかたちで、ユーザーと様々なタッチポイントを築いている。もちろん一つの事業、商品に関するプライシングを徹底的に追求し、利益を生み出す仕掛けを施すことも大切であるが、事業全体として収益ポイントを増やしている点は見習うべきだろう。

世界の持続可能なエネルギーへの移行を加速させるという企業理念、失敗を許容しチャレンジを後押しする企業風土、スペースXに代表される革新的な技術やサービス、事業間のシナジーを最大限に発揮するビジネスモデル、EVのペインポイントをすべて解消して自社の強みにつなげる事業戦略、ブランディングと紐づけた巧みなプライシング、それらが屏風の絵のように一連のストーリーとしてつながり、見事な作品に仕上がっている。

私の稚拙な表現ではうまく括れないが、若くしてここまで成長したブランドは、ヒトを魅了し、ウォンツをつくり出し、それを維持・向上させるための優れた仕組みを有しているのである。

## B2Bでウォンツをつくる

本節の最後に、B2B向けのサービスでウォンツをつくり出した事例を紹介したい。

一つは法人向けリユースPC、もう一つはユニフォームレンタルサービスである。

前者の法人向けリユースＰＣは、東京都内のとある商社が手掛ける循環事業。再生品に対する不安を取り除くために１台１台の徹底したクリーニング、メモリやストレージの増設など、可能な限り新品のＰＣに性能を近づけつつ価格は抑えている。しかも驚くべきことに交換や修理に関する本体の無期限保証が付帯されている。顧客都合の故障も無償で修理し、回数に制限もない。

そもそもリユースＰＣの購入を検討している法人は、初期コストを抑えたいという意図があるが、それによってかえってランニングコストが上がらないかを懸念している。この会社のリユースＰＣは、一般的な中古ＰＣよりも価格は高いが新品を購入するより安く、リユース品の不安もすべて解消できる。**世の中的に再生品への理解、サーキュラーエコノミーへの関心が高まる中で、ニーズの範疇を超えて利用意向が醸成され、それがウォンツへとつながったケース**だといえる。

後者のユニフォームレンタルは、東京都内の専門業者が提供するサービス。ホテル、レストラン、オフィス、工場、医療現場まで、数千点にのぼるユニフォームを扱っている。自社でユニフォームを手配すると、多額の初期費用が掛かり、クリーニングや在庫管理も必要。柔軟なデザイン変更も難しい。

この会社のサービスにはクリーニング集配サービスが付いており、サイズ交換やデザインチェンジ、補修、損耗交換にも追加料金なしで対応。お客様の用途や意向に合わせてオリジナルデザインのユニフォームを制作したり、コーディネートの提案まで行っている。その分、価格は相場よりも高いが、価値に見合っていると取引先は喜んで契約する。**圧倒的なバリューがニーズをウォンツに変えたケース**である。

→ 具体的な提供価値

- 徹底したクリーニング
- メモリやストレージの増設
- 本体の無期限保証
- 顧客都合の故障の無償修理

---

- クリーニング集配サービス
- サイズ交換、デザインチェンジ
- 補修、損耗交換込み
- オリジナルデザイン制作
- コーディネート提案

## 図表15
## B2Bのウォンツの事例

| | ターゲット顧客 | ペインポイント |
|---|---|---|
| 法人向け<br>リユースPC | ● 環境意識の高い法人 | ● 可能な限り<br>新品に近い性能で<br>コストを抑えたい<br>● ランニングコストを<br>上げたくない |
| ユニフォーム<br>レンタル | ● ホテル、レストラン、<br>オフィス、工場、<br>医療現場など | ● クリーニング、<br>在庫管理に<br>手間を掛けたくない<br>● サイズやデザインを<br>柔軟に変更したい |

いずれのケースも、ニーズの先にあるペインポイントを解消した、というところが唯一無二の価値につながり、高い値段設定が許容される要因となっている。テスラもＥＶのペインポイントをすべて解消したと述べたが、その辺りが価値の源泉となり、価格勝負に巻き込まれないための要諦であったといえる。

# 一点もので勝負する

## コンペ回避と非価格勝負

第3章の自動車部品、通信サービスの事例でも取り上げたが、競争を回避し、取引先に価値を言い値で評価してもらうために、一点もので勝負する、という策がある。

**モノづくりの世界では、取引先が製品に求める要件を早い段階で察知し、開発の上流工程から一緒に製品の仕様を設計、自社にしかつくれないような条件に持ち込む。**

その際、狙った性能を出すためのシミュレーションロジックなどを取引先にすべて開示してしまうと、コンペの際のRFP（調達仕様書）に反映されてしまい、せっかく上流工程から携わってきた自分たちの苦労が報われない。そのため、一部は自社のノウハウとしてブラックボックス化し、既に狙った性能の製品を開発できる、という先行優位性を発揮してコンペで勝ち切るシナリオにしなければならない。

サービスの世界でも、ソリューション営業によって、取引先の課題を分析し、それに合った解決策を自社ならではの提案としてパッケージ化して提示する。取引先からRFPを受領したり、コンペの声が掛かる前に決着をつけなければ、価格勝負に陥る。

コンサルティングの世界ではよく提案営業と呼ばれるが、こちらで顧客の課題を初期仮説として整理し、それをどういう方針や進め方で解いていくか、解決の道筋を提案書にして持参するのである。目的は、顧客にとっての壁打ち相手になること、そして会話の中で顧客の潜在ニーズを探ることにあるため、初期仮説の精度が完璧である必要はない。むしろミーティングで顧客から足元で悩んでいることを引き出すことが重要で、それにより次回はより顧客目線で解くべきイシューにフォーカスした提案書を持参できる。こういったサイクルを繰り返しながら、自社の提案の価値を高め、コンペを回避したり、価格勝負にならないようにするのである。

## エンドユーザーの目線で価値を創出する

B2Bのビジネスでは、目の前の取引先が必ずしもエンドユーザー（最終顧客）とは限らない。そのようなケースでは自社の取引先だけ見ていても市場で高く評価されるような価値創出は難しい。エンドユーザーの潜在的欲求やペインポイントを自ら捕捉、充足することで、製品・サービスを差別化でき、価格受容性の向上にもつなげることができるのだ。

具体例をもって説明したい。とあるフィルムメーカーの主力製品は、ガラスやアクリルなどに貼ってプロジェクターの映像を投影できる透過性の高い薄型フィルム。主な用途はコンビニやガソリンスタンドなどの窓ガラスに広告を表示するデジタルサイネージ(電子広告媒体)。取引先は商社や広告代理店だが、競合が多い関係で強気の価格交渉はしづらく、売上も利益も大幅な改善は見込めない状況であった。

そこで同社が目を向けたのがエンドユーザーの生の声である。独自に調査を進めると、プロジェクターが設置できない場所でも使いたい、曲面に設置できないのは残念、透過性が高いといっても一部外光が遮断される点は使いづらい、ガラスの継ぎ目がある場所ではジョイントが目立つ、といったコメントが集まった。

それに対して、同社は薄型のLEDフィルムを開発。LEDを内蔵しているため広告の表示にプロジェクターが不要で、完全透過型であり外光も一切遮断しない。設置場所の形状に合わせて曲げたり、継ぎ目なくシームレスに複数のフィルムを貼り付けられるようにした。その結果、自動車販売店の大きなショーウインドウのサイネージ、イベント会場の装飾、駅や公共施設での情報案内など、これまで取り込めていなかったシーンにまで用途拡大し、価格競争にも巻き込まれづらくなったという。

このように、**B2Bでも常にエンドユーザーに目を向け、差別化された価値を創出できると、自社から取引先へも、取引先からエンドユーザーへも、より高い価格で製品・サービスを提案できるようになるのである。**

# QCD＋E

## 短納期を価値にする

ＱＣＤのうち、これからの時代、より訴求すべきなのがＤ（納期）である。**納期が短いことは、それ自体が価値になる。**例えば、部品が早く届くことで、輸送事業を営んでいる会社であれば、トラックを不具合から迅速に復旧させ、ダウンタイムを最小化できる。

工場の生産設備であれば、ラインを止める時間を短くでき、通常のタクトに早く戻せる。予防保全のように壊れる前に修理する、というソリューションもＤＸによって当たり前になってきており、従来の差別化要素であったＱ（品質）とＣ（コスト）に加えて、Ｄが持つ価値の大きさで勝負をしていく時代になったといえる。

実際、Ｄの一環として即納率を上げるために、需要予測の精度を上げたり、受注頻度別に在庫の数量や配置を適正化したり、流通のリードタイムの短縮を行っていたりする。

**図表16**
**製品の汎用化と納期の関係**

| | 汎用品 | 特注品 |
|---|---|---|
| 生産方式 | 計画生産<br>安全在庫 | 受注生産 |
| 納期対応力 | 高い<br>（納期が短い） | 低い<br>（納期が長い） |
| 製造コスト | 安い | 高い |

↓

SKU（受発注や在庫管理の単位）を
絞り込みながら
製品を汎用化し、短納期を価値にする

そういった見えない工夫は、確実に顧客への納期対応力の差として表れ、価値の源泉になっている。

汎用品は納期が短くて安価、特注品は納期が長くて高価、というのが一般的だ。その中で、取引の大部分は汎用品によって納期を短くし、顧客の金銭的な負担も軽減する。特注品ばかりであれば、納期と在庫の管理が難しくなり、顧客への請求金額も上がってしまう。**納期をうまく価値として顧客に訴求するためには、顧客の要望を聞きなが**

**ら、ＳＫＵ（受発注や在庫管理の単位）を絞り込み、製品を汎用化する工夫も求められる。**それによって金型のコストが減ったり、製造パターンが絞られることでオペレーションの効率も上がり、製造コストも全体として引き下げられる。

また、仮に特注品が残り、緊急で納期を短縮してほしい、という要望を受けた場合には、特急生産費用（納期調整費用）を顧客に請求して、自社の利益に取り込む姿勢も示していきたいところである。

## 環境価値というこれからの切り口

もう一つ、最近のトレンドとして、ＱＣＤ以外にＥという要素も注目を集めている。ここでいうＥとは、環境のことを指す。昨今のＳＤＧｓやサステナビリティ経営の文脈の中で、従来のサプライチェーンに、環境への配慮、すなわち、環境負荷をいかに軽減したか、という軸も入ってくる。

例えば、再生材を使って生産した製品、再生可能エネルギー（グリーンエネルギー）を使用して生産した製品には環境価値というものが付加される。日本では、２０２８年度から炭素税、２０３３年度から排出量取引制度が施行される計画となっており、欧州との取引では国境炭素税も課せられる。**これからは非化石燃料を使って生産されたもの**

**に対して、環境価値をプレミアムとして上乗せすることも考えていかなければならない。**

メルセデス・ベンツも廃タイヤをケミカルリサイクルした再生プラスチックを生産し、Sクラスのドアハンドルなどの部品に採用している。彼らは2030年までにリサイクル素材の使用割合を平均40％まで高める計画も打ち出している。部品メーカーや素材メーカーは、こういった取り組みに対して、従来のQCDに加えて、再生原料、再生材を組み合わせながら、自動車メーカーに提案を仕掛けていかなければならない。

# 足し算から引き算へ

## ミニマムバリュープロダクト

日本企業のモノづくりはほとんどといっていいほど足し算の発想だ。クルマにしろ、家電にしろ、商品を新型に切り替える際は、過去の製品に新しい機能を加えたり、既存の機能を改修したり、とにかくこれまでよりも中身をよくする、という発想になっている。そのため、本章の冒頭のエアコンの例でも述べたように、顧客からあまり求められていない機能を追加し、オーバースペックになっていたりする。それで価格がアップし、競争力が低下していては、何のための新型への切り替えかわからない。

2022年に「日経ビジネス」誌で生活家電を手掛けるツインバード工業の記事を目にした。同社は、カタログギフトを主戦場とし、オーブントースターやハンディースチーマーなど価格が1万円以内に収まる商品を中心に取り扱っていた。しかし、人口減少を背景にギフト市場は縮小。量販型の家電に軸足を移そうとしたがブランド力の壁に突き当たり、量販店やネット通販など競合がひしめく中では通用しなかった。

そのような中、彼らはツインバード独自の付加価値を追求しようと、職人の技術を詰め込んだ「匠プレミアム」と、シンプルな機能に特化した「感動シンプル」という2つのブランドを立ち上げた。

匠プレミアムは、その道の匠にしか到達できない技の境地を最新技術によって再現するというコンセプト。決して色褪せない本物の価値として、コーヒー界のレジェンドと称される東京台東区カフェ・バッハのハンドドリップを再現した全自動コーヒーメーカーを開発。価格は従来製品の2倍近い4万円だが、累計で約7万台売れるなどヒット商品となった（2022年5月時点）。

感動シンプルは、必要な機能だけが快適さにつながるというコンセプト。本質ともいえる機能にのみ絞り込み、デザイン性にこだわった商品を展開。ただし、絞り込んだ機能には妥協しない。上下の蒸気によるWスチームという独自の機能を売りにしたスチームオーブンレンジを開発。価格は5万円を超え、競合と比べて高いが、消費者が本当に必要と感じる機能のみを徹底的に磨くことこそが価値につながると自信を見せる。

ツインバードの感動シンプルのように、どこかでオーバースペックを回避し、不要な機能を削ぎ落とす。そういった引き算の発想に転換することが必要だ。欧米企業には、「ミニマムバリュープロダクト」という考え方がある。**最初から完璧な製品やサービスを目指すのではなく、顧客に価値を訴求できる最小限のものを提供する。提供後に、顧客からのフィードバックを参考に、新機能の追加や改善を少しずつ図っていく。**システムのアジャイル開発に似た考え方だが、こういった発想で真に求められる価値創造に向き合うことが、これからの時代に必要な製品・サービス開発の手法なのかもしれない。

# 第4章のまとめ

○消費者が商品やサービスに興味を持ち、購入のレバーが押されるまでには、認知の壁、価値の壁、価格の壁を順に越えなければならない。最大の関門が価値の壁。価値を感じてもらってはじめて価格が価値に見合っているかの判断に移行する。消費者に価値を感じてもらえなければ、それがいくら安くても手に取ってもらえない。

○アップル、テスラ、ナイキのようにニーズもウォンツも高い製品・サービスを提供している企業の共通点は強いブランドがあること。商品・サービスが優れているだけでなく、強いブランドがあるから人気が出る。人気が出るから高い値段でも売れる。ウォンツが低いと、価格の安さや入手のしやすさが決め手となり、価格競争に陥りやすい。逆にウォンツが高いと、価値や便益、中身が決め手となり、価格競争になりにくい。ウォンツを追求すべき真の理由はここにある。

○テスラの場合、世界の持続可能なエネルギーへの移行を加速させるという企業理念、失敗を許容しチャレンジを後押しする企業風土、スペースXに代表される革新的な技術やサービス、事業間のシナジーを最大限に発揮するビジネスモデル、

EVのペインポイントをすべて解消して自社の強みにつなげる事業戦略、ブランディングと紐づけた巧みなプライシング、それらが屏風の絵のように一連のストーリーとしてつながり、見事な作品に仕上がっている。若くして成長したブランドは、ヒトを魅了し、ウォンツをつくり出し、それを維持・向上させるための優れた仕組みを有している。

○B2B向けのサービスでウォンツをつくり出した事例として、法人向けリユースPCとユニフォームレンタルサービスがある。いずれのケースも、ニーズの先にあるペインポイントを解消した、というところが唯一無二の価値につながり、高い値段設定が許容される要因となっている。テスラもEVのペインポイントをすべて解消したように、その辺りが価値の源泉となり、価格勝負に巻き込まれないための要諦だといえる。

○価値創造の一つの手段として、一点もので勝負するという策がある。モノづくりの世界では、取引先が製品に求める要件を早い段階で察知し、開発の上流工程から一緒に製品の仕様を設計、自社にしかつくれないような条件に持ち込む。その際、狙った性能を出すためのロジックをすべて開示せず、自社のノウハウとしてブラックボックス化し、既に狙った性能の製品を開発できる、という先行優位性を発揮してコンペで勝ち切るシナリオにすることがポイント。サービスの世界でも、ソリューション営業によって、取引先の課題を分析し、それに合った解決策を自社ならではの提案としてパッケージ化して提示する。取引先からRFPを受領したり、コンペの声が掛かる前に決着をつけることで価格勝負に陥ることを避ける。

○B2Bでも常にエンドユーザーに目を向け、差別化された価値を創出できると、自社から取引先へも、取引先からエンドユーザーへも、より高い価格で製品・サービスを提案できるようになるのである。

○QCDのうち、これからの時代、より訴求すべきなのがD（納期）。納期が短いことは、それ自体が価値。部品が早く届くことで、製品の不具合を早く修理し、ダウンタイムを最小化したり、工場のラインを止める時間を短くできる。予防保全のように壊れる前に修理する、というDXのソリューションも当たり前になってきており、従来の差別化要素であったQ（品質）とC（コスト）に加えて、納期対応力の差として表れるDが持つ価値の大きさが勝負の鍵になる。

○なお、納期をうまく価値として顧客に訴求するためには、顧客の要望を聞きながら、SKU（受発注や在庫管理の単位）を絞り込み、製品を汎用化する工夫も求められる。それによって製造コストも引き下げられる。仮に特注品の緊急即納対応を受けた場合には、特急生産費用を顧客に請求する。

◯最近のトレンドとしては、QCD以外にEの環境にも注目が集まっている。昨今のSDGsやサステナビリティ経営の文脈の中で、従来のサプライチェーンに、環境への配慮、すなわち、環境負荷をいかに軽減したか、という軸も入ってくる。日本では、2028年度から炭素税、2033年度から排出量取引制度が施行される計画。欧州との取引では国境炭素税も課せられる。これからは再生材を使って生産した製品、再生可能エネルギーを使用して生産した製品に対して、環境価値をプレミアムとして上乗せすることも考えていかなければならない。

◯日本企業のモノづくりはほとんどといっていいほど足し算の発想。商品を新型に切り替える際は、過去の製品に新しい機能を加えたり、既存の機能を改修したり、とにかくこれまでよりも中身をよくする、という考え方。ツインバードの感動シンプルのように、どこかでオーバースペックを回避し、不要な機能を削ぎ落とす。そういった引き算の発想に転換することが必要。欧米企業には、ミニマムバリュープロダクトという考え方があり、最初から完璧な製品やサービスを目指すのではなく、顧客に価値を訴求できる最小限のものを提供。その後に、顧客からのフィードバックを参考に、新機能の追加や改善を少しずつ図っていく。こういった発想で真に求められる価値創造に向き合うことが、これからの時代に必要な製品・サービス開発の手法。

# 第5章

# B2Bの値上げの秘訣②

## ――手札編

## バンドリングを駆使する

### 丸抱えソリューション

第3章で、リコーのマネージド・プリント・サービス（MPS）、コマツのコムトラックス、スマートコンストラクション、ランドログを取り上げた。ともに手札の揃え方（提供する商品・サービスのラインナップ）とその見せ方にうまさがある。彼らのビジネスは一言で表現すると「丸抱えソリューション」だ。**ハード、サービス、ソリューションを単体としてではなく、まとめて提供することで、競合と差別化し、価格競争にも巻き込まれづらくなる。**これを機に覚えておきたい策である。

リコーの場合は、複合機、設置場所提案、紙詰まり対応、コールセンター、遠隔故障診断、トナーや印刷用紙の自動配送、ユーザー認証プリントといったかたちで、ハードから保守・運用サービスまで、パッケージ化した売り方がポイントとなっていた。コマツの場合は、建機、日報作成、保守計画、測量、施工計画最適化、切・盛土量計算といっ

**図表 17**
**丸抱えソリューション**

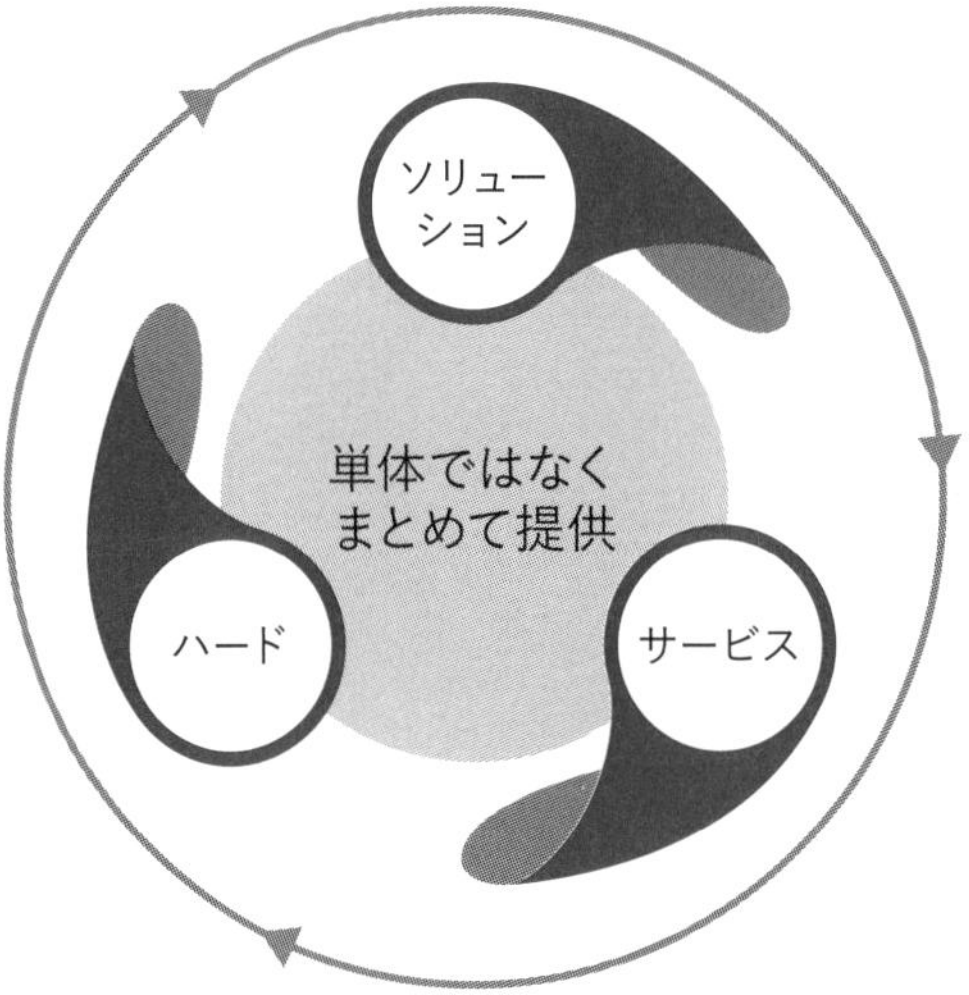


たかたちで、ハードから保守運用サービスまでをセットにした売り方がポイントだ。さらに、将来的には自動運転を含めた建機の操作支援までカバーすることで、現場の業務そのものを請け負うようなソリューションを提供するという考え方が進んでいた。

「丸抱え」という言葉が示す通り、顧客は特別なアセットを用意する必要はなく、手ぶらで資料をプリントアウトしたり、建設現場の施工業務を行うことが可能だ。建機の例でいえば、これまで施工会社は常に建機を何台か保有して、それらをなるべく遊ばせないよう仕事を受注して工事を行い、定期的に建機本体の点検、修理にお金を払っていた。

しかし、コマツの丸抱えソリューションを利用することで、建機の保有台数を減らし、必要なときに、建機を「利用」する形態で、仕事を受注可能なのだ。しかも、利用する建機はどれもメーカーによる純正整備が施されているため状態は万全。利用後は返却するため、故障も気にせずに使える。おまけに建機を操作するオペレーターの技量が低くても、手元で補助や無人施工を行う機能まで実装される予定だ。顧客は建機を必要以上に保有しなくて済むため、固定費を変動費化でき、コスト負担を軽減できる。また、コマツ側はハード、サービス、ソリューションのセット売りによって顧客に選ばれやすくなり、一定の売上と利益を確保することも可能だ。

## バンドリングで割安感を演出

このように関連する二つ以上の商品やサービスを組み合わせてセット販売する手法をプライシングの世界ではバンドリングと呼ぶ。個々の商品・サービスを単体で購入するよりも安い価格を設定することで割安感を演出する。

身近な例では、マクドナルドのセットメニューやテレビとインターネットのセット割引などがある。本来単体では売れなかったはずの商品を他の商品とセットにすることで価値を高め、競争優位性がアップするというメリットがある。一方で、それぞれを単体で販売するよりは値段を割安にするのが一般的であるため、その分、利益率は下がる。場面によって単体で提供するか、セットにするか、使い分けが必要だ。

基本的にはセット売りを前面に出しつつ、合計の取引額が高くて手が出せない企業には、単体での取引をオファーするという順番がおすすめだ。なお、確実に一定の利益を出すためには、原価企画はセット販売を前提とせずに行いたいところである。

# 敷居を低くする

## 損を感じさせない

試しに商品を一度手にとってみる、といったライトな消費行動が表れやすいB2Cとは異なり、B2Bの取引は一定期間の契約が前提となる。はじめて製品やサービスを購入しようか判断するときは慎重になり、他の会社から購入先を切り替えるときにはスイッチングコストを気にする。B2Bは取引が成立するまでに、つまずくポイントがいくつかあるのだ。相手が抵抗なく取引を開始できるよう、いかに敷居を低くするかが重要であり、本節ではそのことについて触れたい。

ここで第3章のキーエンスの例を振り返りたい。彼らは、取引先の現場に張り付き、いまの業務にどれくらいの時間が掛かっているか、キーエンスの製品を導入するとそれがどう短縮されるか、「効果」を徹底的に分析。取引先に製品の値段を提示するときも、効果を拠り所に、労務費がいくら削減できる、その効果を見込めば、製品が何年でペイする、といった具合で売り込んでいた。相手にとってキーエンスの製品は決して安い買い物ではない。そのため、**価格の絶対値ではなく、費用対効果が高く損することはないと感じてもらうことで敷居を下げ、契約締結につなげる工夫**をしていたのである。

## セカンドラインの投入

他にも、よく自動車部品の世界では、新興国市場向けに第二純正品（セカンドライン）を企画することがある。というのも、自動車メーカーの純正部品は価格が高く、新興国のユーザーの多くは手を出しづらい。純正という名前がつくことで過剰品質となり、それが故に割高となっているケースもゼロではない。そのため、**現地拠点で独自に各市場に即した品質基準を定める、サプライヤを現地化する、材料を変更する、簡易梱包で対応する、サードパーティー品を認証する、などによって現地のマーケットに適合した第二純正を投入する。**

特に新興国では、中華系をはじめとする安い社外品が売られていたり、青空市場では模倣品まで出回っている。品質が明らかに劣るような部品もあるが、ユーザーはそういった部品を買い付け、自分たちで組み付けることに慣れている。そういった世界で戦うためには、市場に近接化した製品を企画し、購入の敷居を下げることが必要なのである。

自動車メーカー、自動車部品メーカーによっては、自社で第二純正のようなプラスワンの製品を企画するのではなく、ブランドの認知力を活かして、純正品から社外品まで松竹梅の部品を幅広く扱うECサイトを構築しているケースもある。このようなマーケットプレイス機能を通じてユーザーに自分の予算や品質要求に合った部品を選べる仕組みを提供するのも価値提供のパターンの一つといえる。

# 固定費化と変動費化

## サブスクリプションとリカーリング

世の中、モノもコトもサブスクリプション形式で利用する、という消費スタイルがかなり浸透している。ネットフリックスのような定額の動画配信サービスをはじめ、漫画や洋服まで、所有せず、必要な時に使う、不要になったらサービスを解約する、というテンポラリーな利用形態が増えている。対象がコンテンツ、サービス、モノのいずれかによって、特徴や成功させるためのポイントはことなる。図表18に簡単にまとめているが、モノよりはコンテンツ、サービスの方が相性がよい。

これまでの洋服を買う、という購買行動は変動費だ。気に入った服があれば買い、そうでなければ買わない。ファッションが好きな人はお金を掛けるが、無頓着な人は出費が少ない。好きな人は、次々と新しい洋服を着たいと思う一方で、次々と購入するとそ

## 図表18
## サブスクリプションビジネスのポイント

| | コンテンツ | サービス | モノ |
|---|---|---|---|
| **特徴** | ● 映像や音楽を利用できる権利<br>● ユーザーの増加による追加コストがかからない | ● 飲食や美容などを利用できる権利<br>● 定期的に使う人にとってはお得 | ● クルマ、タイヤ、洋服などを利用できる権利<br>● 気に入っても買い取りは原則不可 |
| **成功させるためのポイント** | ● 利用しやすい価格設定（規模確保）<br>● 短期間でも利用できる手軽さ（自由解約）<br>● 最新のコンテンツをいち早く提供 | ● ロイヤルカスタマーづくりの手段と考える<br>● あくまで通ってもらうためのフックの料金<br>● オプションや追加サービスでしっかり課金 | ● 一定期間の利用条件（特に新品の場合）<br>● 中古品の出口設計（買うよりお得なTCO）<br>● 非硬直性（スタイルの変化や飽きで交換） |
| **サブスクリプションとの相性** | **大**<br>いつでも、好きなだけ、何でも | ⇔ | **小**<br>中々そうはいかない |

れが変動費として重くのしかかり、懐事情が苦しくなる。

そこで、月額固定の料金で新しい洋服を試し放題、といったようなサービスがあると重宝する。ファッションが好きな人はよほど気に入った商品ではない限り、次々と新しいコーディネートを取り入れられる方が満足度は高い。

つまり、サブスクリプションはヘビーユーザー向けに変動費を固定費化する、という概念で考えられたビジネス形態ということになる。総額だと高くなってしまうものを、手に取りやすい金額に変換してオファーする。それによって相手に受け入れられやすくする、という手段が有効だ。

一方で、似たような言葉としてリカーリング、というものがある。こちらもモノを所有せず、必要な時に使う、不要になったらサービスを解約する、という点ではサブスクリプションと同じである。ちがいとしては、従量課金制である点だ。

例えば第3章のタイヤの例で紹介したＴａａＳ（Tire as a Service）は、タイヤを購入するのではなく、走行した距離に応じて課金するというサービスだ。ブリヂストンやミシュランなどの大手のタイヤメーカーも提供している。こちらはサブスクとは逆に、あまりタイヤを使わないライトユーザーにメリットがある。ライトユーザーにとっては、タイヤを購入して固定費とするよりも変動費化してしまった方が安くつく。逆に走行距離の長いユーザーはタイヤを買ってしまった方が得だ。

これはタイヤだけでなく、クルマを購入するか、カーシェアを利用するかでも同様だ。クルマを所有してしまうと、自動車税や車検代、駐車場代、自動車保険代など、持っているだけで色々な費用が掛かる。毎日クルマを使う人、クルマを持つことにステータスを感じる人でない限り、必要なときだけ手軽なカーシェアを利用する方が経済合理性で考えると有利である。ここでもライトユーザーはカーシェア（リカーリング）、ヘビーユーザーは所有、の方が有利という構図が成り立つ。

**サブスクリプションとリカーリングとでは狙う先がヘビーユーザーかライトユーザーかのちがいはあるものの、ユーザーの負担を軽くし、契約率を上げる、という点は共通している。**Ｂ２Ｂ取引でも、売り切りだけがすべてと考えず、利用という提供方法を取り入れると新しい出口が見つかるかもしれない。

## ｗｉｎ－ｗｉｎのモデル

サブスクリプションの文脈の中で面白い事例がある。２０２３年１月にリリースとなった第5代目プリウス。ここでトヨタが興味深い一石を投じた。廉価版のベースグレードをＫＩＮＴＯと呼ばれるサブスク限定で提供することにしたのだ。自動車メーカーにとってベースグレードは価格を抑えることでユーザーの目を引く「呼び水」の役割を果たす。販売台数に占めるベースグレードの割合も一般的には高い。スタンダードな大衆車になればなるほどその割合は高くなる。そのような重要な位置づけにあるグレードをあえて売らずにサブスクのみとしたのだ。

そもそもＫＩＮＴＯとは、月々定額の費用でクルマに乗ることができるトヨタのサブスクプランである。最もベーシックなパッケージのＫＩＮＴＯ ＯＮＥには、契約期間中の税金、保険、車検、メンテナンス、故障修理など、マイカーに掛かる費用がすべてコミコミで含まれている。

今回のプリウスは、このＫＩＮＴＯ ＯＮＥのサービスに加えて、納車後のアップデートとコネクティッドサービスの契約がセットされたＫＩＮＴＯアンリミテッドというプランで提供された。これにより、トヨタは契約期間中にソフトウェア、ハードウェアをアップデートすることでクルマの性能、機能を陳腐化させず、契約終了後の価値（残価）を向上。例えば安全装備の Toyota Safety Sense をＯＴＡ（オンライン更新）でバージョンアップしたり、アップグレードレディ設計によってこれまでメーカーオプションだっ

図表19
**KINTO Unlimitedの仕組み**

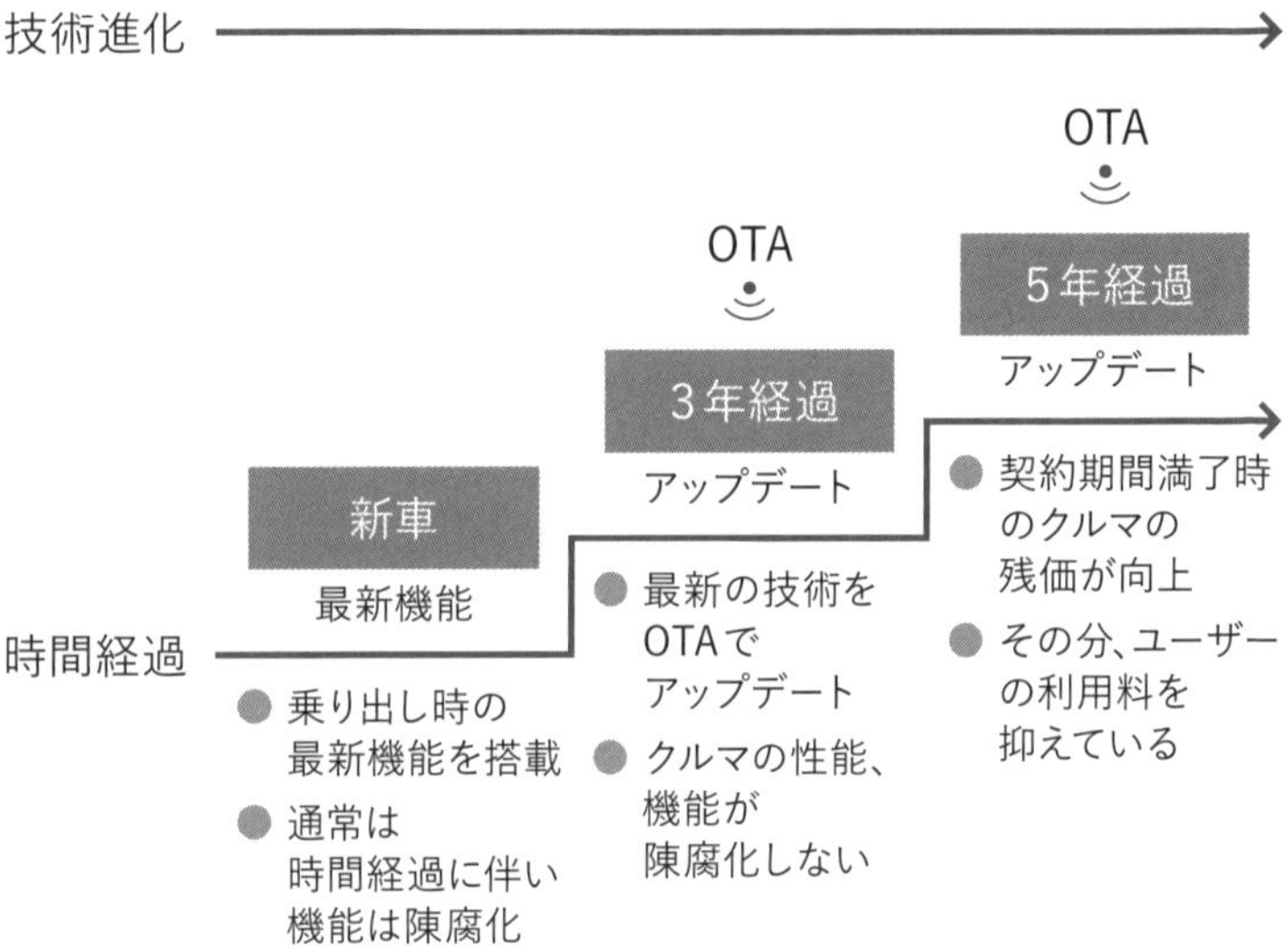


技術進化
時間経過
OTA
OTA
5年経過
アップデート
3年経過
アップデート
新車
最新機能
乗り出し時の最新機能を搭載
通常は時間経過に伴い機能は陳腐化
最新の技術をOTAでアップデート
クルマの性能、機能が陳腐化しない
契約期間満了時のクルマの残価が向上
その分、ユーザーの利用料を抑えている

た装備を後からでも装着できるようにした。

**トヨタとしては契約期間満了時のクルマの価値を維持・向上できる分、ユーザーのサービス利用料に還元。ユーザーは最新の性能や機能をリーズナブルな料金でエンジョイできる。**まさに両者ともwin-winのモデルということだ。

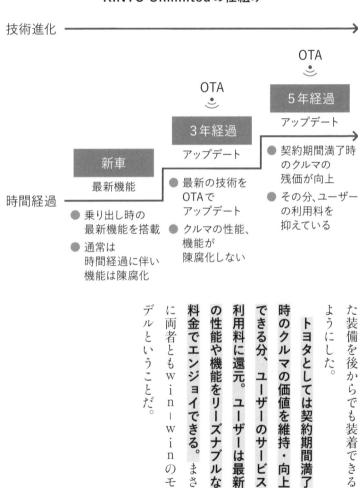

# 「フック」によるロックイン

## スイッチングコストを高める

第3章で紹介したGEのプレディックス、グーグルの検索やGメール、地図、ユーチューブといった基本サービス、クボタのKSASなど、いずれも基本サービスを無償にする、という手札を使っている。それらを新規ユーザー獲得のフックとして、そこから本来の稼ぎどころである製品やサービスの購入につなげていく、というやり方である。

KSASの場合、農機の遠隔保守やスマホ・PCを活用した圃場管理、肥培管理、作業記録などのサービスに良さを感じてもらえると、KSAS対応農機の購入意向が高まる。KSASなしでは生産性が著しく低下する、とユーザーが感じればKSASとハードのあいだにセット制約が生まれる。

**ハード、サービス、ソリューションがセットとなって高い価値が実現できているため、ユーザーにとってハードだけを他社機に置き換えることのスイッチングコストが極めて**

**高い。そのため、必然的にハードに対する許容価格のレンジが上に広がり、こちらの言い値でオファーしても受容されやすく、ロックインが成功したといえる。**

現在のようなＤＸ（Digital Transformation）の時代、ＩｏＴの仕組みをフックにロックインするケースもある。ここではＫＤＤＩとＴＯＴＯの例を紹介したい。

もともとＫＤＤＩはＴＯＴＯ向けにモバイルを提供する、というかたちで接点を持っていたが、よりＴＯＴＯの本業に貢献したいという考えで、水まわり製品のＤＸ化で協業がスタートした。

具体的には、忙しい共働き世帯の家事の負担を軽減させたい、というＴＯＴＯの想いから、スマホアプリを活用して、浴槽の掃除、浴室の暖房、お湯はりといった機能を遠隔で操作できるシステムバスを企画。アプリからクラウド、ゲートウェイまで、ＫＤＤＩがシステム全体を統括するかたちでサービスの開発・運用を担当した。

この取り組みをきっかけに、ＫＤＤＩはＴＯＴＯとの関係性を強化し、システムバス以外にもトイレに関して、滞在時間に応じた節水管理、フロア・個室ごとの利用率の分析、バルブ本体の故障や漏水状況などの遠隔監視など、ＩｏＴの仕組みを使ったソリューションを共同で企画・開発した。

こうしてKDDIはモバイルの提供のみで取引を終わらせず、ソリューションパートナーとしての位置づけまで存在感を高めることに成功したのだ。もちろん両社ともwin－winの関係のままだ。TOTOにとってKDDIは、自社のことをよく理解し、共同で仕組みを企画、システムの開発からデータの運用まで安心して委託できる重要なパートナーだ。そのため、KDDIから他のベンダーに乗り換えるには相当のスイッチングコストが掛かる。KDDIとしてはハード、サービス、ソリューション全体で価値が認められているため、然るべき対価を請求できる。こうした相互補完関係を築くこともロックインには有効である。

## 売るシーンを考えて値付けを行う

### 成城石井はなぜ人気なのか

関東を中心に店舗を展開する高級スーパーの成城石井。ここ数年、2ケタ成長を達成し、売上高が1000億円の大台を突破。10年で売上高も店舗数も倍に拡大した。店内を見渡せば、輸入食材や**地方の名産品、ここでしかお目にかかれない商品がズラリと並ぶ。成城石井を訪れると毎回新しい発見があり、買い物の時間が優雅になる、これが消費者にとっての価値となっている。**

私も自宅の近くの店舗を訪れることがたまにある。売り場は近隣の大型スーパーほど広くない。一つひとつの通路もショッピングカートが行き交えるぎりぎりの幅だ。しかし不思議なことに全く手狭に感じない。むしろまるで美術館を訪れたときのように、左右の棚に綺麗に陳列された商品に目を奪われ、時折、初めて目にする珍しいものに好奇心をくすぐられ、居心地の良さを感じる。

レジに並ぶ買い物客のかごの中身を見てみると、もちろん成城石井でしか手に入らない商品も多いが、ちらほら近くのスーパーでも売っている商品、例えば森永のアロエヨーグルトなども入っている。成城石井では定価、サミットであればもう少し安く販売されているだろうが、成城石井としてはそこで勝負をしているわけではないため、買い物客にとってその価格差は問題となっていないのだ。

もう少し若い人向けでは3COINSも同じである。1994年の創業当初は、100均より一つ上の品質やデザインを備えたブランド、としてスタートした。現在も値段以上の高級感というのは売りの一つであるが、それだけではない。通学・通勤途中にのぞいてみたくなる、そういう仕掛けが若い女性にうけているのである。販売されている商品の実に9割が3COINSのオリジナル商品、雑貨は月に500アイテムが新たに投入される。非常に高回転である。この商品ライフサイクルがお店にいくと毎回新しい発見がある、という成城石井と似た感覚を生み出しているのだ。

なお、店内を見渡すと、すべての商品が300円というわけではない。350円の食品、500円のアロマディフューザー、1500円のワイヤレスイヤホンも並ぶ。彼らは店づくりの過程ですべてを300円にすることにこだわらず、他社との同質化を避けるために脱300均を進めているのだ。いつ訪れても新しい発見があり、ワクワクするお店。彼らのブランディングが浸透すればするほど、来店する顧客の予算は単価300円に固定されなくなる。3COINSはこれからも私たちに何度でも行きたくなる新しさを届けてくれるにちがいない。

## オケージョンと価格

このようにオケージョン（場面）によって顧客の期待は変わり、受容される価格にもちがいが出る。成城石井の定価のアロエヨーグルト、3COINSでの500円の買い物はまさにその典型例である。ジンジャエール1杯の値段も、銀座のバー、代官山のフレンチ、新宿の居酒屋では当然ことなる。大人の社交場、カジュアルなデート、会社の飲み会、といったかたちで利用シーンも予算感もちがうからだ。**空間の雰囲気や時間を優雅に楽しむことが価値となるオケージョンでは、その分をドリンク1杯の価格に上乗せしても受容される。**

第3章のGEのケースでも、ガスタービンの不具合を急いで修理したい、というニーズが強ければその分、割増しの特急料金を請求できる、という話をした。本書の「はじめに」でも触れたように、バザールの商人は私たちの風貌から懐具合を値踏みし、一人ひとりに対してちがう言い値を提示する。

企業として利益を最大化するための「商いの知恵」として、私たちも、相手と場面によって変わる商品やサービスの価値を推し量り、一物多価含めて利益の最大化につながる手札を用意しなければならないのだ。皆さんの中には、値札のついた商品を買うことに慣れすぎて、一物多価を懸念する方もいるだろう。しかし現に、航空券やホテルの宿泊代は条件や購入のタイミングによって、同じ席や同じ部屋でも人によってちがう価格で予約されている。それに対して文句を言う人はいない。自信を持って積極的に一物多価を実践したい。

## 第5章のまとめ

○手札を揃えるにあたり、バンドリングを駆使することは効果的。バンドリングとは、関連する二つ以上の商品やサービスを組み合わせてセット販売する手法のことで、リコーやコマツのハード、サービス、ソリューションをセットにした「丸抱えソリューション」が典型例。それぞれを単体としてではなく、まとめて提供することで、競合と差別化し、価格競争にも巻き込まれづらくなる効果がある。

○B2Bの取引は一定期間の契約が前提。はじめて製品やサービスを購入しようか判断するときは慎重になり、他の会社から購入先を切り替えるときにはスイッチングコストを気にする。そのため、相手が抵抗なく取引を開始できるよう、いかに敷居を低くするかが重要。キーエンスは製品の価格ではなく、製品導入による「効果」を拠り所に売り込みをかけている。価格の絶対値ではなく、費用対効果が高く損することはないと感じてもらうことで敷居が下がり、契約締結につながる。

○自動車部品の世界では、新興国市場向けに第二純正品（セカンドライン）を企画することがある。純正部品は価格が高く、新興国のユーザーは手を出しづらいため、各市場に即した品質基準を定め、サプライヤの現地化、材料変更、簡易梱包、サードパーティー品の認証などで現地のマーケットに適合した第二純正品を投入。特に新興国では、中華系をはじめとする安い社外品や模倣品が出回っているため、市場に近接化した製品で購入の敷居を下げることが必要。

○世の中、モノもコトもサブスク形式で利用する、という消費スタイルが浸透している。ファッションが好きな人は次々と新しい洋服を着たいと思う一方で、次々と購入するとそれが変動費として重くのしかかり、懐事情が苦しくなる。そこで、月額固定の料金で新しい洋服を試し放題のようなサービスがあると重宝する。つまり、ヘビーユーザー向けには月額固定の料金で変動費を固定費化し、手に取りやすい金額に変換してオファーする、という手段が有効。

○サブスクと似た言葉にリカーリングがある。カーシェアのように、クルマを所有するのではなく、走行した距離や時間に応じて従量課金するサービス。こちらはサブスクとは逆に、あまりクルマを使わないライトユーザーにメリットがある。ライトユーザーは、クルマを所有して固定費とするよりも変動費化してしまった方が安くつく。逆に走行距離の長いユーザーは所有の方が得。以上より、ライトユーザーはリカーリング、ヘビーユーザーは所有、の方が有利という構図が成り立つ。

◯サブスクとリカーリングとでは狙う先がヘビーユーザーかライトユーザーかのちがいはあるものの、ユーザーの負担を軽くし、契約率を上げる、という点は共通。B2B取引でも、売り切りだけがすべてと考えず、利用という提供方法を取り入れると新しい出口が見つかる。

◯第5代目プリウスのベースグレードはKINTOと呼ばれるサブスク限定で提供。税金、保険、車検、メンテナンス、故障修理に要する費用に加えて、納車後のアップデートとコネクティッドサービスの契約がセットされている。これにより、トヨタは契約期間中にソフトウェア、ハードウェアをアップデートすることでクルマの性能、機能を陳腐化させず、契約終了後の価値(残価)を向上。トヨタとしては契約期間満了時のクルマの価値を維持・向上できる分、ユーザーのサービス利用料に還元。ユーザーは最新の性能や機能をリーズナブルな料金でエンジョイできる。両者ともwin-winのモデル。

◯GEのプレディックス、グーグルの検索やGメール、地図、ユーチューブといった基本サービス、クボタのKSASはいずれも基本サービスが無償。それらを新規ユーザー獲得のフックとして、そこから本来の稼ぎどころである製品やサービスの購入につなげていく。KSASの場合、農機の遠隔保守やスマホ・PCを活用した圃場管理、肥培管理、作業記録などのサービスに良さを感じてもらえると、KSAS対応農機の購入意向が高まる。KSASなしでは生産性が著しく低下する、とユーザーが感じればKSASとハードのあいだにセット制約が生まれ、スイッチングコストが高くなるためロックインしやすくなる。

○KDDIはTOTOとIoTの仕組みを使ったソリューションを共同で企画・開発。TOTOはKDDIにシステムの開発からデータの運用までを一括して委託。KDDIから他のベンダーに乗り換えるには相当のスイッチングコストが掛かる。KDDIとしてはハード、サービス、ソリューション全体で価値が認められているため、然るべき対価を請求可能。

○オケージョン（場面）によって顧客の期待は変わり、受容される価格にもちがいが出る。GEのケースでも、ガスタービンの不具合を急いで修理したい、というニーズが強ければその分、割増しの特急料金を請求。バザールの商人も私たちの風貌から懐具合を値踏みし、一人ひとりに対してちがう言い値を提示する。企業として利益を最大化するための「商いの知恵」として、人、企業、場面によって変わる商品やサービスの価値を推し量り、一物多価含めて利益の最大化につながる手札を用意しなければならない。

# 第6章

# B2Bの値上げの秘訣③

## ——交渉術編

# ストーリーとコミュニケーション力

## 石ころを紙に包んで売る

第4章の冒頭に、消費者や取引先に自社の商品・サービスの価値を感じてもらうためのポイントの1つに、ストーリーとコミュニケーション力があると述べた。**ストーリーとコミュニケーション力があれば、たとえ売りづらいものであっても売れるのだ。**本節ではこのことについて解説したい。

売りづらいもの。その最たる例の一つとして真っ先に思い浮かぶのが「あやしい壺」だろう。実用性がなく、大きくて邪魔、それでいて値段はそこそこ高い。売る側にとっては実に厄介な代物だ。

買うと幸せになれる、というういかにも胡散臭い売り文句では消費者の心は動かない。かといって、大きな花を生けたり、インテリアとして床の間に飾ったりできる、と急に実用性を訴求されても欲しくはならない。

どうすればよいか。ここで登場するのがストーリーとコミュニケーション力である。ストーリーとは、買いたいと思わせる理由づくりのこと。洗練されたストーリーは、ニーズがないものにもウォンツを宿す。コミュニケーション力とは、買いたい気持ちにさせるトーク力を指す。この2つを駆使して壺の魅力を説明し、相手に価値を理解してもらう。モノやサービスを売るための本質がこのストーリーとコミュニケーション力なのである。

ここで壺の売り方のストーリーを詳述するつもりはないが、気になる読者の方のために少しだけ続けたい。例えば、この壺には幸せを呼び込む効果は一切ない。価格は10万円。はっきり言って高い。でも実は売り手の利益はゼロである。売上は慈善事業としてすべて社会福祉団体に寄付しているからだ。こういったストーリーを添えるとどうだろうか。

買い手は（懐事情に余裕があれば）自分のお金が社会の役に立つことに喜びを感じることができる。社会福祉団体は寄付されたお金で新しい施設を建て、人も採用できる。売り手は利益こそないが慈善事業に貢献したという心理的満足を得られる。このストーリーでは登場人物の三者がいずれもｗｉｎ－ｗｉｎ－ｗｉｎの結論に帰着している。こういった話が買い手の心を動かすのだ。壺が例ではこのくらいが限界だが、優れたストーリーを巧みな話術、コミュニケーション力でプレゼンすることで、はじめて〝いい〟取引が成立する。

ご案内の通り、Ｂ２Ｂの取引は対話で成り立つ。**相手が人である以上、どこかに共感を得られるポイントがあるはずだ。相手の目線で価値を考え、相手を主語に魅力を正しく伝える。ストーリーとコミュニケーション力を磨けば、相手の心を動かし、〝価格交渉ではない次元〟で戦えるのだ。**

弊社の親会社の野村證券では、かつて、「石ころを紙に包んでお客様に売ってこい」といわれた時代があったそうだ。もちろん比喩であると思うが、これには相当のストーリーとコミュニケーション力が求められる。そういう時代に生まれなかったことに感謝するとともに、むしろ最近の営業パーソンにはそのくらいの積極性も必要なのではないかと、昔と今で大事なものが欠けてしまったような寂しさも感じる。

## 人を主語にする

お気づきの方もいるかもしれないが、前節の壺のｗｉｎ－ｗｉｎのストーリーでは壺の内容は一切説明していない。壺を買うとなぜ満たされるのか、人を主語にストーリーを組み立てていたのだ。実はこれがあまり知られていないが重要なポイントである。商品やサービスの内容を説明するよりも、人を主語に説明した方が伝わるのだ。

壺以外の例でも、ゲーム機はスペックの高さを説明するのではなく、家族で遊べる、祖父祖母と孫が一緒に遊べる、というシーンを訴求。掃除機は世界最小最軽量での取り回しのよさを一生懸命アピールするのではなく、これで毎日の掃除も苦にならない、片手が空くので階段の上り下りも危なくない、と相手のうれしい気持ちを説明した方が、相手の心に響くのである。

これはＢ２Ｂの世界でも有効である。**人を主語に製品・サービスの魅力を訴求することで、A社の提案は優れている、A社は信頼できる、A社の製品・サービスはいい、いいものは高い、という顧客理解を築くことができる。顧客の中にA社と取引したい、という要望が生まれれば、それは図表20にある機能的価値に上乗せされ、高くてもほしい**

**図表20**
**顧客価値のピラミッド**

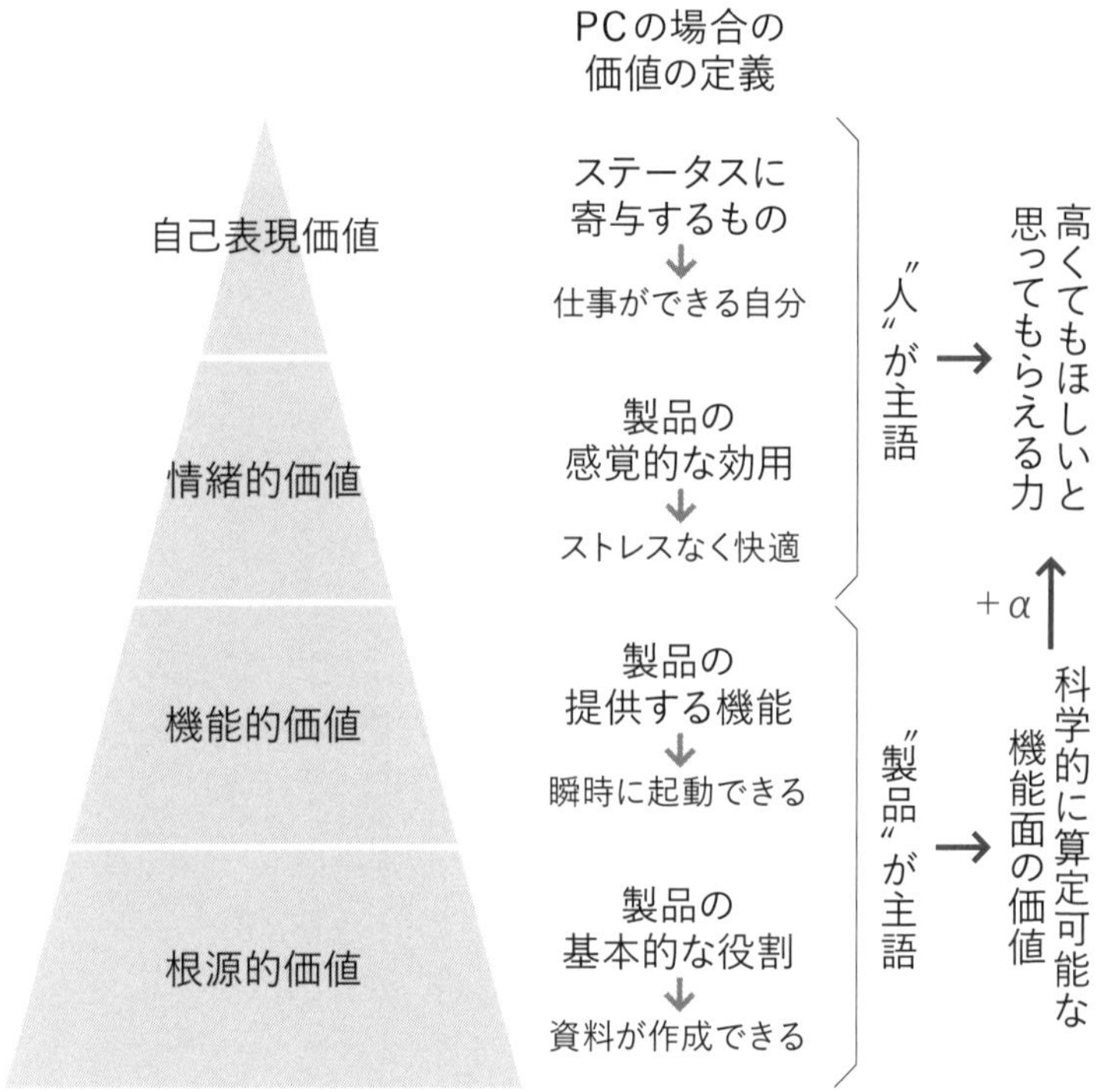
PCの場合の価値の定義
自己表現価値
ステータスに寄与するもの
仕事ができる自分
情緒的価値
製品の感覚的な効用
ストレスなく快適
機能的価値
製品の提供する機能
瞬時に起動できる
根源的価値
製品の基本的な役割
資料が作成できる
〝人〟が主語
高くてもほしいと思ってもらえる力
＋α
〝製品〟が主語
科学的に算定可能な機能面の価値

**と思ってもらえる力、として価格に転嫁可能である。**

第3章で紹介したインテルも人を主語にした説明がうまい。PC向けのプロセッサー（CPU）を例に挙げよう。この場合、ビジネスの形態はB2B2Cになる。主語となる人はPCメーカーの開発者と、PCのエンドユーザーである。なお、プロセッサーとはデータの演算や変換、プログラムの実行・制御を行う中央演算処理装置のこと。機能が向上すればデータ処理のスピードが上がり、多くのプログラムやファイルを同時並行で使用でき、PCの動作も快適になるなど、スペックアップにつながる。

製品の機能に焦点を当ててしまうと、いまのような性能の話が中心となるが、インテルはちがう。彼らは機能にマーケットバリューはないと語る。そのため、人にフォーカスしてユースケースをつくり、PCメーカーに提案を行うのだ。例えば、起動時間が早ければ瞬時にPCを立ち上げて会議の直前でも資料を修正できるだろう。バッテリーの持ちが良くなれば東京－新大阪間の新幹線でコンセントなしでも作業でき帰路に出張の残作業を片付けられるだろう。そのようなユースケースによって、ユーザーは「ストレスなく快適」に仕事ができる。また、それがミスも遅れもなく「仕事ができる自分」につながる、といった具合である。

プロダクトアウトの発想で製品のスペックを上げ、新しい機能を加え、高い価格で提供することが必ずしも正しい価値創造と値付けではない。機能をプレゼンするのではなく、製品を手にしたユーザー（人）のうれしさは何か、そのためにインテルがどういう価値を提供できるのか。人を主語にストーリーを組み立て、製品・サービスの中身の検討につなげている企業は総じてブランド価値が高く、商品性も優れており、価格も市場で正当に評価されている。

# 松竹梅の法則を応用する

## 見せ球とおとり

B2Bの交渉における有効な引き出しの一つに松竹梅の法則がある。私たち人間は複数の選択肢の中から自分に合ったものを選びたがる生き物である。しかし、選択の数が多いと選ぶのが面倒になってしまう。3つの選択肢を提示するのが最も好まれるとされる法則のことである。そして、人間は3つの選択肢が提示されると、真ん中の選択肢を選ぶことへの抵抗が最も低いといわれる。

これを日本では極端性回避、海外ではセンターステージ効果と呼ぶ。つまり、**選択の際の抵抗を抑えるために、真ん中を選んでもらえるよう、上下の選択肢を意図的に設計する、というのもプライシングを賢く行う手段の一つとなるのである。**

例をあげながら見ていきたい。図表21の左には松竹梅の法則なしの提案、右には松竹

松竹梅の法則ありの場合

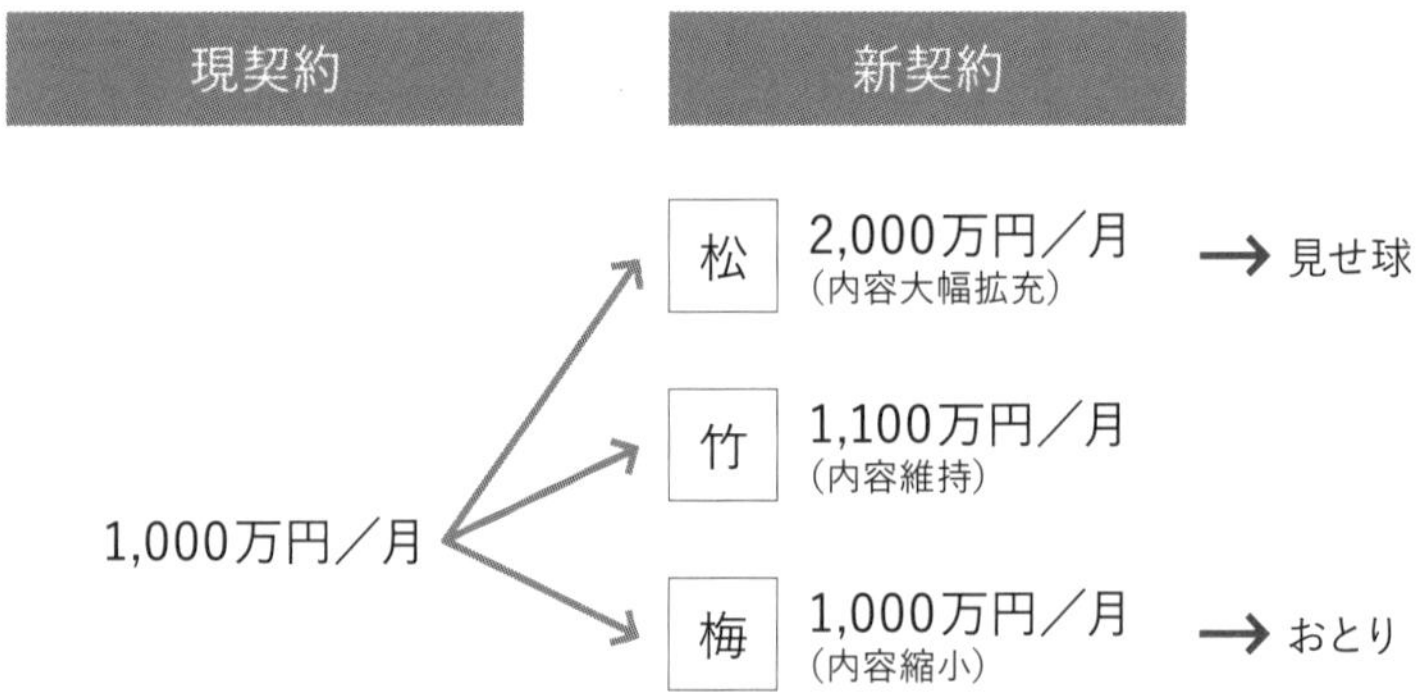


梅の法則ありの提案がある。仮に、現在のサービス利用料金が１０００万円／月だったとしよう。左の松竹梅の法則なしの場合、単純に料金が１０００万円／月から１１００万円／月へと10％値上げして交渉を持ちかけることになる。これではおそらくほぼすべての取引先が困惑したり、否定的な態度をとるだろう。無理もない。サービスの内容は変わっていないのに、値上げだけされるのは損した気持ちになるからだ。

一方で、右の松竹梅の法則ありの場合はどうだろうか。３つの選択肢を用意する。松は、現在よりもサービス内容が大幅に拡充されるが、料金は２倍

**図表21**
**松竹梅の法則**

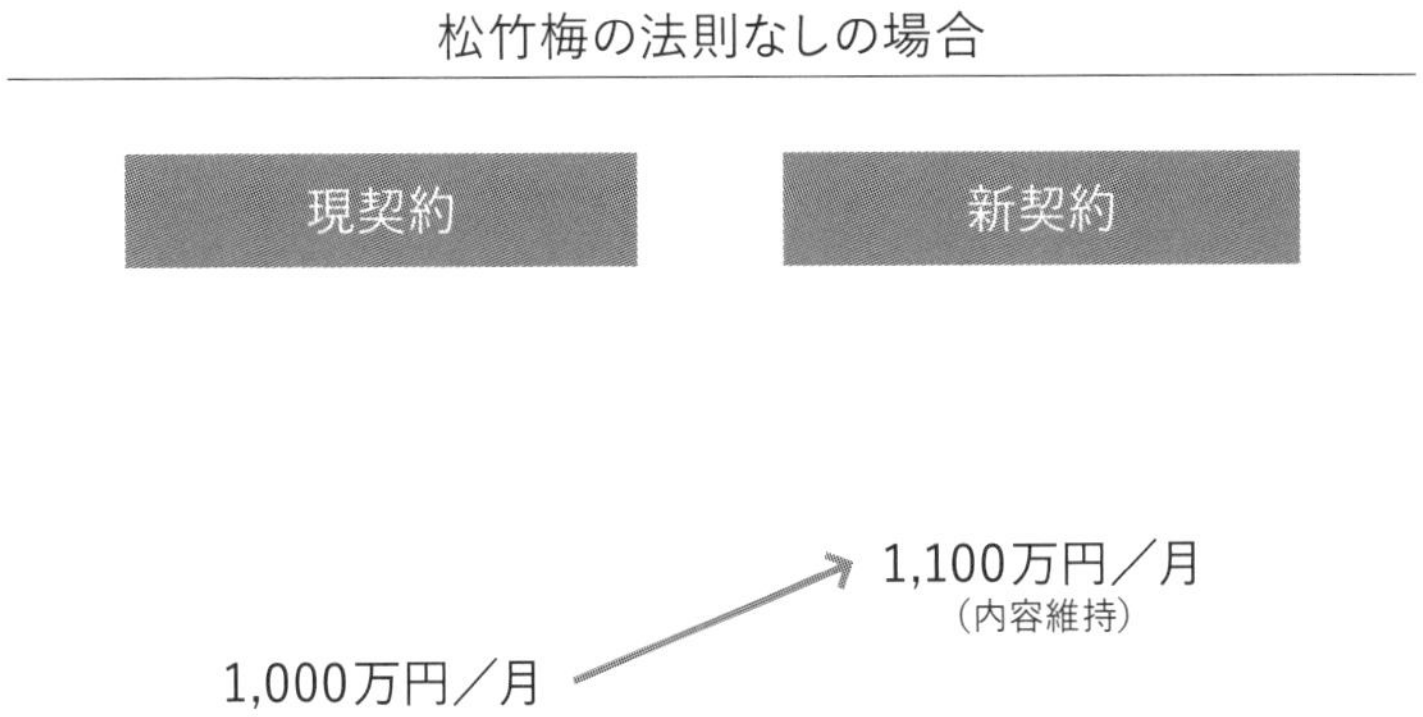


の２０００万円／月。逆に梅は、現在よりもサービス内容が縮小されるが、料金はいまと同じ１０００万円／月。そして真ん中の竹が、現在とサービス内容は同じだが、料金は１００万円アップの１１００万円／月である。

すると、今度は驚くことに取引先の反応が変わる。いまと同じ１０００万円／月を払って梅で契約することに損を感じ、料金は高いが内容が魅力的な松、料金はやや上がるがサービス内容を維持できる竹、どちらがいいかで迷うのだ。

ここでのポイントは２つ。１つは、**松を見せ球にすることだ。正直なところ、松で契約はとれなくてよいのだ。**

**その代わり、サービス内容を大幅に拡充させ、価格も大幅に高くする。**お金を出せばここまで内容が良くなると、竹に機会損失を感じさせ、竹の値段を高く感じさせないことが重要なのである。

もう1つは、**梅をおとりに使うことだ。梅で契約されてしまわないよう、梅のサービス内容を竹と比べて明確に削り、価格の差は小さくする。**これにより、仮にいまと同じ1000万円／月で契約してしまうと明らかに内容が劣り、損すると感じさせることが大切なのだ。

松竹梅の法則は心理効果を使ったプライシングの手法である。人間の心理に働きかけ、こちらが契約したい金額を相手にお得に感じてもらう。今回の例のように、いまと同じサービスの内容でも自然と値上げにつなげたいようなシーンで威力を発揮する交渉術である。

## 一回上に振ってみる

松竹梅の法則を応用することで、さらに交渉力を高めることもできる。ここではその方法を紹介したい。具体的には、**アンカリング、人間は情報が不足している際に最初に**

**提示された条件が印象として強く残り、その後の判断に影響を与える、という効果をプラスした方法だ。**

図表22にあるように、今回は、提案を2回にわけて行う。初回提案では、真ん中の竹を、現在のサービス内容よりも若干拡充し、その分、料金を上げる。ここでは20％アップの1200万円／月としよう。それ以外の松と梅は先ほどと同じで、それぞれ見せ球と、おとりに使う。これによって相手には、竹はサービスの内容が若干広がっているので料金が上がって当然と認識してもらう。もちろんこのまま竹で妥結できれば値上げに成功したことになるが、相手が懐事情を気にした場合、再提案に持ち込む。

再提案の際には、竹を1200万円／月から1100万円／月に下げて歩み寄る。それに伴って、サービスの内容も現在と同じものに戻すのだ。相手は、サービスの内容が減っているので料金はその分、下がるものと期待する。しかし、梅が一番下に1000万円／月で用意されているため、そこまでは下がらないと考える。

つまり、もともとの竹の1200万円／月、梅の1000万円／月がアンカリングの役割として機能し、1100万円／月くらいが落としどころになるのでは、と自然と頭の中で解釈してしまうのだ。今回は単に松竹梅の法則を使うよりもワンクッション多くプロセスをはさんでいるため、相手は交渉の結果、自分の予算に見合った1100万円

**図表22**
**アンカリングと歩み寄り**

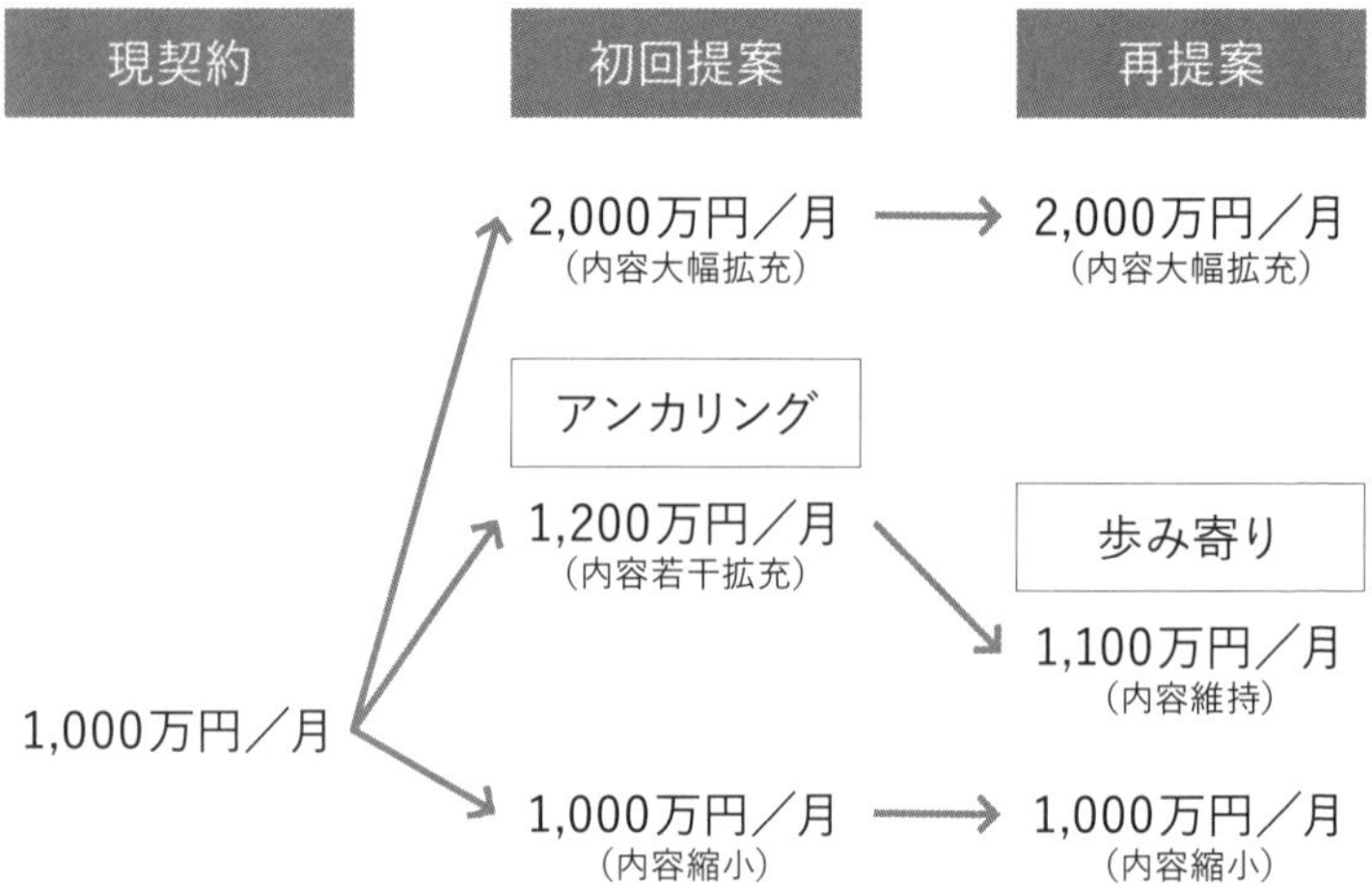


／月を勝ち取ったのだ、と１１００万円の妥当性に対してより納得感や満足感を抱いている。これで１００万円／月の値上げに成功である。

なお、アンカリングと歩み寄りを使う際、気をつけたいポイントが２つある。１つは、最初に提示する竹について。サービス内容の拡充を伴わない20％もの値上げは単なる吹っ掛けとも解釈されかねない。５％や10％ならともかく、20％も値段を上げる際は内容を拡充させないと相手の信頼性低下につながるため注意が必要だ。

もう１つは、歩み寄りについて。**歩み寄る際は単なる値下げとせず、**

サービス内容を削ることとセットにする。単なる値下げを一度でもしてしまうと、また次回の交渉でも値下げを期待され、下手すると値下げが常態化してしまう。値段を上げる、下げるときは基本的に内容の変更を伴うようにすることが重要である。

このように、B2Bでは締結したい金額を最初に提示せず、あいだに〝刻む〟プロセスを入れることで交渉を優位に進めることができる。ぜひうまく活用したいところである。

## レイヤーを上げる

### 団体戦

第3章で紹介した日本製鉄の例では、値上げの交渉をしたことのない営業担当もいたという。長年かけて染み付いた習慣を変えるべく、社長と現場の営業部長とのあいだで定期的に対話の場を設け、「なぜ価格が上がらないか」、「どうしたら価格が上がるか」について徹底的に議論を重ねた。

特に自動車大手との取引は、これまで赤字でも受注する傾向が強かった。これに対して、数量やシェアの低下を恐れず、採算性を確保できない注文は受けない、というトップの意向を示したことが大きく変わるきっかけとなった。そしてそのスタンスを、社長自らが交渉の場の最前線に立つことで社内に見せる化し、会社全体の意識改革に結びつけたのだ。

B2B取引の価格交渉は、両社の売上、利益に直結する根幹の業務である。営業と購買担当のあいだの交渉にはじまり、最後は経営者同士のイシューとなる。それぞれのレイヤーでお互いの考えを示しながら、妥協点を探る。

その際、買い手と売り手、どちらの存在価値が大きいかで発言力は変わる。相手との取引が消滅、または縮小することでより経営へのインパクトが大きい方が不利になりやすい。立場が不利な場合は、最低限死守する利益の目標額を決め、徐々にレイヤーを上げながら妥結を図っていく。

担当者レベルでは狙った落としどころにたどり着かなかった場合は、次のレイヤーで再交渉する。意思決定できる金額の規模はレイヤーが上がれば大きくなる。**交渉が難航する場合は、その場で決めようとせずに一旦持ち帰り、次のレイヤーで再度対話を行うことも重要なのである。あくまで交渉は団体戦である。**

## 相手の手の内を知る

同じく、第3章で、キーエンスの例を取り上げた。彼らは、取引先の内部でスムーズに意思決定や決裁が進むよう、製品購入の稟議書の作成を支援している。もちろんこのサポートは、取引先のカウンターパートに上長を説得するための武器を持ってもらう、という面が強いが、実はもう一つの側面がある。それは、カウンターパートを通じて、取引先の中で、モノを買う、サービスを利用する際の決裁基準がどうなっているか、取引金額によって決裁者がどのように変わるかなど、取引先の内部の購買基準、購買プロセスをつぶさに理解することだ。これにより、取引先の上長に対して直接交渉を行うようなシーンが訪れた場合、相手が何を気にしているのかを理解しているため、そのツボを押さえた提案が可能となる。

交渉における相手のレイヤーが上がった場合、当然、これまでよりも核心を突いたリクエストがくる。その際、こちらとしてレイヤーだけ上げて、いい答えを用意できていなければ狙った金額での交渉成立は難しい。その意味でも、**取引先の内部の購買の仕組みについて理解を深めておくなど、戦に勝利するうえで、相手の手の内を知ることはとても大切なのである。**

# 相手の利害に焦点を当てる

## 相互利益の達成

仮に交渉に成功の定義があったとすると、それは相互利益の達成だといえる。相手に一方的に白旗を上げさせる交渉はうまくいったとはいえない。B2Bの取引では、相手にもいい交渉だったと思ってもらうことで、次回の交渉にもいいかたちで臨むことができる。相手に交渉に勝ったと思わせながら、実はこちらも勝利をおさめているという状態が理想である。

一つの例として、私は以前、中古の分譲マンションを売り買いしたことがあるが、買う立場であったとき、4850万円という値段で目当ての物件が売られていた。それに対して4600万円という値段をオファーしたところ、最終的には4650万円という値段で交渉が成立した。これにより、私は最初に提示された値段から200万円安く購入することができた。

一方で、売る側の4850万円という値段にも色がつけられている。通常、値下げ交渉をあらかじめ覚悟して実際に売りたい金額よりも高めに設定する。そのため、相場よりも高いと思いつつも4850万円にして売り出すことで、最終的に4650万円で妥結することができた、といったあたりだろう。今回の私のケースにおける売る側の真意はわからないが、こうして両者とも交渉に勝ったと思える状態が実現されている。これが相互利益の達成である。

企業と企業の取引において、もちろん双方が納得のいく価格で交渉が成立するのが相互利益において理想であるが、買う側の利害は必ずしも値段だけとは限らない。扱っているものが製品の場合、例えば、安定した納期対応、サプライチェーンのリスク分散、品質不良への迅速な対応、コミュニケーションの取りやすさ、そういった観点も考慮し、総合評価で取引先を決めるケースも少なくない。

営業担当として、相手が交渉に買ったと思える状態をどうすれば実現できるか。もちろん価格の観点として、複数購入の場合にディスカウントテーブルを適用するという手もある。ただし、それだけではなく、即納率○％の保証、相手の工場の安定稼働への貢献など、**価格以外にトレードオフの条件を出して可能な限り金額を引き下げず、自社との取引のメリット（価値）を感じてもらう。お互いの利益を叶えるための工夫があると、両社にとって理想の帰着点にたどり着けるのである。**

## 「時間」と「譲歩」

### 決断が早いことは不利でしかない

本書の「はじめに」の中でフリマアプリの普及と値段の付け方の個性について触れた。割と安い値段を設定してすぐに売ろうとするタイプ、強気の値段設定で少しずつ譲歩していくタイプの2つを例にあげたが、この差は交渉にかける「時間」の差である。腰を据えてじっくり交渉するか、クイックに取引をまとめたいかで、提示する値段にちがいが出る。前者の場合は高い値段を提示して徐々に妥協点を見つけていくスタイル、後者の場合はリーズナブルな価格を序盤から提示するスタイルだ。

もちろん時間をかける交渉はその分、工数もかかり、契約破断のリスクも高まる。ハイリスク・ハイリターン型ともいえる。しかし、第2章のB2Bのプライシングがうまくいかない典型例の中でも述べた通り、**営業＝いい人、相手に嫌われなくない、相手に喜んでもらいたい、という気持ちが先行すると安易に値下げを切り出してしまう。売上**

**ではなく持続可能な利益を生み出す、というスタンスでじっくりと交渉に臨みたい。**交渉の場において決断が早いことは不利でしかない。

値上げにつなげる交渉のうまい企業は、いわゆる「牛歩戦術」を使っている。交渉をはじめる前に相手には最近自社の経営状況が厳しいということを伝える。それによって、相手にも値上げの提案がされるのでは、という心の準備ができる。事前に文書で値上げを通知している企業もある。そして、いざ交渉をスタートしてからは、相手に先手を打たせ、相手からのオファーをすぐには承諾せず、時間を掛けて少しずつ譲歩していくことで契約金額の目標ラインを死守するのである。

なお、牛歩戦術は使う側であればいいが、使われた側であったらどうするか。これには「困った作戦」が有効である。相手からのオファーに対して困った、とだけリアクションし、少し間を置く。そのままその場では結論を出さず、一旦持ち帰って一晩寝かせるのだ。これは、人は困っている相手に対して強くは出られない、という特性を利用した手法であり、次の交渉の場で、相手がそれ以上強く出られないよう、牽制球を投げるような効果がある。

これと似たような手法に「ハイボールテクニック」というものもある。これはキャッチボールで相手が到底届かない高い球を投げることで、交渉の主導権をこちらに手繰り寄せる方法のことである。具体的には、相手に最初に割と高い要求を提示する。もちろんこれについては断られるが、相手は一度こちらの要求を断ると、次は譲歩してもいいかと考えてしまう。最初に高いものを勧められて断った場合、次に安いものを勧められると断りづらくてつい購入してしまう、という感覚に近いものだ。

相手の交渉術が巧みだった場合、これらのテクニックを思い出してみると使えるシーンがあるかもしれない。

## 交渉を仕掛ける順序

実は価格の交渉をどの顧客からはじめるか、というのも交渉術を高める上では大切だ。まずは自社の経営にとってインパクトが小さい顧客から交渉をスタートさせ、そこで経験値やコツをつかむ。その後、本命の企業との交渉に臨むというのが一つのやり方だ。相手の企業規模が大きくなればなるほど、購買のプロセスが煩雑で、コンペも必須になるなど、交渉は長期戦になりやすい。

**「時間」と「譲歩」の感覚を身につけるためにもまずはこちらが主導権を取りやすい取引先との交渉で腕を磨くことが肝要である。**その際、交渉を営業担当任せにせず、管理職以上が進捗を管理し、適宜フォローを入れる。前々節のように、レイヤーを上げながら根気よく交渉に臨む体制も必要だ。

また、特に難度が高いのが既存顧客の契約更改での値上げ交渉である。契約している商品・サービスの内容が変わっていないのに急に値上げを切り出す、というのはやはり難しい。そのようなケースでは、**まずは新規顧客向けの価格を引き上げる。**その後、既存顧客に対して、新規顧客はこの値段で購入いただいているので、貴社も同じ値段に合わせたいが、これまでのお付き合いもあるため、今回は値上げしない、次回の契約更改から新料金を適用させていただく、という旨を通達するのだ。すると既存顧客の中にも、自分だけ特別扱いされている、という感覚が芽生え、次回の値上げに反論しづらくなる。先に外堀を埋める、というニュアンスに近い方法だが、効果は絶大である。

# 第6章のまとめ

○あやしい壺のように、実用性がなく、大きくて邪魔、それでいて値段はそこそこ高いようなものも、ストーリーとコミュニケーション力があれば売れる。ストーリーとは、買いたいと思わせる理由づくり、コミュニケーション力とは、買いたい気持ちにさせるトーク力を指す。B2Bの取引は対話で成り立つ。相手が人である以上、どこかに共感を得られるポイントがある。相手の目線で価値を考え、相手を主語に魅力を正しく伝える。ストーリーとコミュニケーション力を磨けば、相手の心を動かし、〝価格交渉ではない次元〟で戦える。

○B2Bの交渉における有効な引き出しの1つに松竹梅の法則がある。人間は複数の選択肢の中から自分に合ったものを選びたがる、という特性を活かし、3つの選択肢を提示する。人間は3つの選択肢が提示されると、真ん中の選択肢を選ぶことへの抵抗が最も低い。抵抗なく真ん中を選んでもらえるよう、上下の選択肢を意図的に設計する、というのもプライシングを賢く行う手段の1つ。

○松竹梅の法則のポイントは2つ。1つは、松を見せ球にすること。松の内容を大幅によくし、価格も大幅に高くする。お金を出せばここまで内容が良くなると、竹に機会損失を感じさせ、竹の値段を高く感じさせないことが重要。もう1つは、梅をおとりに使うこと。梅で契約されてしまわないよう、梅のサービス内容を竹と比べて明確に削り、価格の差は小さくする。

◯B2B取引の価格交渉は、両社の売上、利益に直結する根幹の業務。営業と購買担当のあいだの交渉にはじまり、最後は経営者同士のイシューとなる。買い手と売り手、どちらの存在価値が大きいかで発言力は変わる。立場が不利な場合は、最低限死守する利益の目標額を決め、徐々にレイヤーを上げながら妥結を図る。交渉が難航する場合は、その場で決めようとせずに一旦持ち帰り、次のレイヤーで再度対話を行う。あくまで交渉は団体戦。

◯交渉における相手のレイヤーが上がった場合、当然、これまでよりも核心を突いたリクエストがくる。その際、こちらがレイヤーだけ上げて、いい答えを用意できていなければ狙った金額での交渉成立は難しい。取引先の内部の購買基準や購買プロセスに関する理解を深めておくなど、戦いに勝利するうえで、相手の手の内を知ることは大切。

◯交渉に成功の定義があったとすると、それは相互利益の達成。相手に一方的に白旗を上げさせる交渉はうまくいったとはいえない。B2Bの取引では、相手にもいい交渉だったと思ってもらうことで、次回の交渉にもいいかたちで臨むことができる。相手に交渉に勝ったと思わせながら、実はこちらも勝利をおさめているという状態が理想。

◯双方が納得のいく価格で交渉が成立するのが相互利益において理想だが、買う側の利害は必ずしも値段だけとは限らない。扱っているものが製品の場合、例えば、安定した納期対応、サプライチェーンのリスク分散、品質不良への迅速な対応、コミュニケーションの取りやすさ、そういった観点も考慮し、総合評価で取引先を決めるケースも少なくない。価格の観点だけではなく、相手の工場の安定稼働に貢献するなど、価格以外にトレードオフの条件を出して可能な限り金額を引き下げず、自社との取引のメリット（価値）を感じてもらう。お互いの利益を叶えるための工夫があると、両社にとって理想の帰着点にたどり着ける。

◯腰を据えてじっくり交渉するか、クイックに取引をまとめたいかで、提示する値段にちがいが出る。前者の場合は高い値段を提示して徐々に妥協点を見つけていくスタイル、後者の場合はリーズナブルな価格を序盤から提示するスタイル。持続可能な利益を生み出すためには、じっくりと交渉に臨むことが必要。交渉の場において決断が早いことは不利でしかない。

◯値上げ交渉のうまい企業は、「牛歩戦術」を使っている。相手に先手を打たせ、オファーをすぐには承諾せず、時間を掛けて少しずつ譲歩することで契約金額の目標ラインを死守する。相手に牛歩戦術を使われた場合は「困った作戦」が有効。相手からのオファーに困ったというリアクションをし、その場では結論を出さず、一旦持ち帰って一晩寝かせる。人は困っている相手に対して強くは出られない、という特性を利用し、次の交渉の場で相手がそれ以上強く出られないよう、牽制球を投げるイメージに近い。似たような手法に「ハイボールテクニック」がある。これは相手に最初に割と高い要求を提示する。相手は一度こちらの要求を断ると、次は譲歩してもいいかと考える。最初に高いものを勧められて断った場合、次に安いものを勧められると断りづらくてつい購入してしまう、という感覚に近い。

◯価格の交渉をどの顧客からはじめるかも交渉術を高める上では大切。自社の経営にとってインパクトが小さい顧客から交渉をスタートさせ、そこで経験値やコツをつかみ、その後、本命の企業との交渉に臨むというのが一つのやり方。また、既存顧客の契約更改での値上げ交渉は難度が高い。急に値上げを切り出すのは難しいため、まずは新規顧客向けの価格を引き上げ、次回以降、既存顧客にも新料金を適用する、といったように、先に外堀を埋めてから交渉すると効果は絶大。

# 第7章

# プライシングで経営を動かす

# プライシングは経営者の仕事

## 幸せの連鎖

大阪府八尾市に本社を置くミキハウス。子を持つ親の多くが憧れる高級子供服のブランドだ。ミキハウスはマーケットの中から勝てる領域を見つけ、付加価値の高い商品、それに見合った値付け、を徹底することで成功した会社として有名である。決してぶれないマーケティング、プライシングの哲学が読者の皆さんの参考になると考えたため、本節で紹介したい。

ミキハウスを1971年の創業からわずか一代で築かれたのが木村皓一社長である。そんな木村社長が大切にされている価値観が「いいものは高く」というものだ。前述の通り、私たち日本人は知らず知らずのうちに「いいものを安く」と考えがちである。しかしそれでは企業が儲からず、いい人材を獲得できず、高い技術力も継承できない。また、価格勝負では大手に軍配が上がりやすい。

そのために、まずはしっかりと自分たちが勝てる1丁目1番地の領域を見定める。ミキハウスの場合はよちよち歩きの幼児をターゲットにしたトータルコーディネートに目をつけた。そこに上質で愛らしいデザインの子供服を、その価値に見合った高い値段で打ち出したのだ。ターゲット顧客は富裕層。そのため、百貨店に出店したり、分娩代が100万円を超える産婦人科とも提携した。

産婦人科では出産・退院のお祝いとして、ミキハウスの肌着・プレシューズ・おくるみなど、思い出に残る品をギフトで贈る取り組みを行った。生まれたばかりの赤ちゃんが退院ではじめて病院の外に出るときにミキハウスの肌着を身につけてもらう。親が家に帰ってから他の肌着を着せてみると、肌触りが全くちがうことに驚く。そうすることでファンが生まれ、高くても手に取ってもらえるのだ。贈る方も受け取る方も必ず笑顔になる、幸せが連鎖するものは必ず成功する、というのが木村社長の信念である。

ご理解いただけた通り、ミキハウスは、マーケティングのＳＴＰ、すなわちＳ：セグメンテーション（高級子供服）、Ｔ：ターゲティング（富裕層）、Ｐ：ポジショニング（高品質・高価格）がしっかりとしている。マーケティングの４Ｐ、プロダクト（上質な商品）、プライス（高価格）、プレイス（百貨店）、プロモーション（購入産婦人科とのタイアップ）もきちんと整合性がとれている。それによって、お客様にも社員にも説明しなくてもミキハウスというブランドがどういうものかが浸透している。

**中からも外からもブランドの認識がイコールになるとはじめてブランドという無形資産に価値が宿り、商品の機能的な価値に上乗せして、情緒的な価値が価格に転嫁できるのである。**STPの定義、4Pの整合性、これは決してB2Cに限った話ではない。B2Bの製品・サービスでも大いに参考になるだろう。

## パーパスとエンゲージメント

ミキハウスはブランド、プライシングの哲学を今後も磨き続けるために優秀な人材の確保にも力を入れている。利益をできる限り社員に還元することで、法人税ではなく所得税として国に税を納めてもらう、という考え方もその一端であり、共感できる。

現在は以前と比べて社員の就社精神、愛社精神が低くなったといわれる。待遇や人間関係に不満を覚えて転職を選ぶ者も少なくない。そのような中、ミキハウスは創業以来、「子どもと家族の毎日を笑顔でいっぱいに」、という企業理念のもと、子どもたちの健やかで豊かな成長を願う活動を続けてきた。

世の中でSDGs、パーパス経営が注目される中、改めて企業の存在意義を考え、社員に会社のファンになってもらう。そして、それぞれの夢を、仕事を通じて叶えてもらう。社員一人ひとりに寄り添った経営がエンゲージメント（会社への貢献意欲）の向上には欠かせない。売り方、売り場、売値に表れるブランディング、マーケティング、プライシング。そしてそれらを支える人材の確保とエンゲージメント。企業理念、パーパス、人材戦略がつながっているからミキハウスの経営は他社とは一線を画しているのだ。

人材募集に関連する面白い話がある。これは私が休日にクルマを運転しているときに聞いたラジオ番組の一コマである。番組名は忘れてしまったが、とある組織人事の専門家がゲスト出演されており、リスナーからの質問に答えるというコーナーだった。

飲食店を経営している、というリスナーから、「時給はまわりと同じ水準なのに、アルバイトが集まらずに困っている」という相談が寄せられた。それに対して、「給料などの条件で人を募集しないこと。その仕事に就くと誰のどんなことに役立てるか、社会にどう貢献できるか、どういうスキルが身につくか、その人の人生を主語にして募集すると応募が増えて辞めにくい人も集まる」とアドバイスされていた。

給料などの条件面で雇うと、よりいい条件の職場が見つかればその人は平気で転職していく、というのだ。番組内の何気ないやり取りではあったが、気づきを得たエピソードとして印象に残っている。示唆に富むため、ここに紹介させていただく。

# 対話の場

## 怯《ひる》まない臆さない

B2Bの製品・サービスはB2Cとは異なり、お客様、取引先が、「衝動買いをしない」「理屈を伴う」「リスクにも敏感」という側面がある。そのような中で**相手の購買の意思決定を促すには、話の積み重ね、つまり対話がとても重要だ。**私がこれまで仕事や講演会を通じてお会いさせていただいた方からも、対話の重要性は理解している、でも実際は中々うまくいかない、という相談をお受けする。中にはまだ何もトライしていないのに、どうせうまくいかないと諦めている方までいる。事態は深刻だ。

どうすればよいか。即効性のある特効薬でもあれば話は早いが、世の中そんなにあまくない。とはいえ、カンフル剤ならある。以下に私が講演会を通じて皆さんにお伝えしているメッセージを抜粋したい。

・値上げに怯まない。商品・サービスの価値を磨き続け、それに見合った価格を設定することが何よりも重要。

・値上げの交渉をしたことがないのに、最初からできないと決めつけない。交渉のストーリーを用意し、定期的に対話を行う場を持つことが大切。一度決めた価格を見直す場も設けないといけない。

・定価を上限価格と考えない。初めての取引先には、いくらで自社の商品・サービスを買ってもらえるか、聞いてみるのも策。それこそが究極の価値ベースの値付けである。

・大量発注だからといって相手から何もいわれていないのにこちらから進んで値下げの話をしない。安くすることがサービスだと思い込んでいる営業担当がいれば即マインドチェンジ。

・自社の商品・サービスがなくなることで、消費者、取引先など、誰かが困るなら、それは世に価値が認められている証拠。臆せず値上げの可能性に踏み込む。

・安さだけを求める取引先は、より安い商品・サービスが出れば簡単に他社に流れてしまう。価値を認めてくれるロイヤルカスタマーを視軸に据えてプライシングを行うべき。

いかがであろうか。まさに自分の会社のことを言い当てられたと感じられた方も多いだろう。日本の企業は同じようなことで悩んでいる。典型的な日本の営業といえば、笑顔で元気で素直、という特徴が想起されるだろう。彼らは対話ではなく、相手の要望を聞いて持ち帰る、御用聞きが自分の役割だと考えている節がある。一度、経営層自らが旗振り役となり、取引先と対話ができていない理由がなぜかを分析し、課題化し、解決の道筋を描かなければならない。

B2Bは意思決定プロセスも長い。提案から、評価選定、条件交渉までの決裁プロセスに、現場と購買部門、担当者と管理職、複数の部署や役職の方が関与する。それぞれのレイヤーでカウンターパートと対話を重ね、信頼関係を構築する意識を大切にしたい。

## アンメットニーズ

アンメットニーズ。医療業界のアンメット・メディカル・ニーズという言葉が起源だ。有効な治療法が見つかっていない疾患に対する医療ニーズのことを指す。それにならい、マーケティング界隈では、まだ満たされていないこと、という意味で使われる。

B2Bの取引では、相手との対話の中で、このアンメットニーズをいち早く掴み、提案の差別化要素として取り込むことが大切だ。

例を挙げよう。アンメットニーズは、相手の「不満」「困惑」「面倒」の3つの解消で満たされる。第3章のソリューション営業のくだりでも、取引先の課題を分析し、それに合った解決策を提案することで受注の確度が高まることを述べた。ペインポイントの解消というニュアンスに近い。

アンメットニーズは製品・サービスの内容に限って存在するものではない。会社の文化の問題、人材の問題、システムの問題、色々ある。こちらから何かの機械を提案したとしよう。それに対して、スペックはよいがそれを運用する人が育たない（不満）、決裁を通したいが上長への説明が難しい（困惑）、必ず相見積りを取らなければならない（面倒）という悩みが浮かび上がった。それに対して、トレーニングプログラムもセットで提供する（不満の解消）、稟議書を一緒に作成する（困惑の解消）、代わりに他社の情報を整理する（面倒の解消）。こういった提案が内容を差別化、豊富化し、競争回避につながる。

先の「不満」「困惑」「面倒」に思っていることは、相手に信頼されないと聞き出せない。対話の中で信頼関係を構築し、本音を引き出せる関係をつくる。昔からいわれている当たり前のことだが、これをしっかり実践できている企業は強い。顕在化しているニーズは当然、競合も気づいている。それだけを打ち返しても性能や価格の競争に巻き込まれるだけだ。**対話の中でアンメットニーズを掴み、解決方法を提案する。それが製品・サービスの内容に依存せずにできる価値創造であり、価値に見合った価格で製品・サービスが受容されるか否かの鍵を握っている。**

# 価値の見極め

## 定量化と創造

設定できる価格には幅がある。企業の活動が営利目的である以上、コストが下限価格になる。また、商品・サービスの価値を上回った値付けは市場に受け入れられない。その意味で価値ベースの値段が上限価格になる。そしてそのあいだには競争原理に基づく価格が存在する。競合との兼ね合いや代替品の有無が価格を左右するゾーンである。

図表23のように、競合や代替品にない差別化要素がある場合は競争に巻き込まれずに上限価格に近づく。一方で差別化要素がない場合は下限価格に近づく。**差別化要素がある価値の高い商品・サービスは価格の決定権の幅が広くなる。**

企業一社の中でも差別化された価値があり、競争優位性の高い商品・サービスと、そうでないものが混在する。前者は価値ベース、そうでない商品は競争またはコストベー

図表23
**価格決定基準**

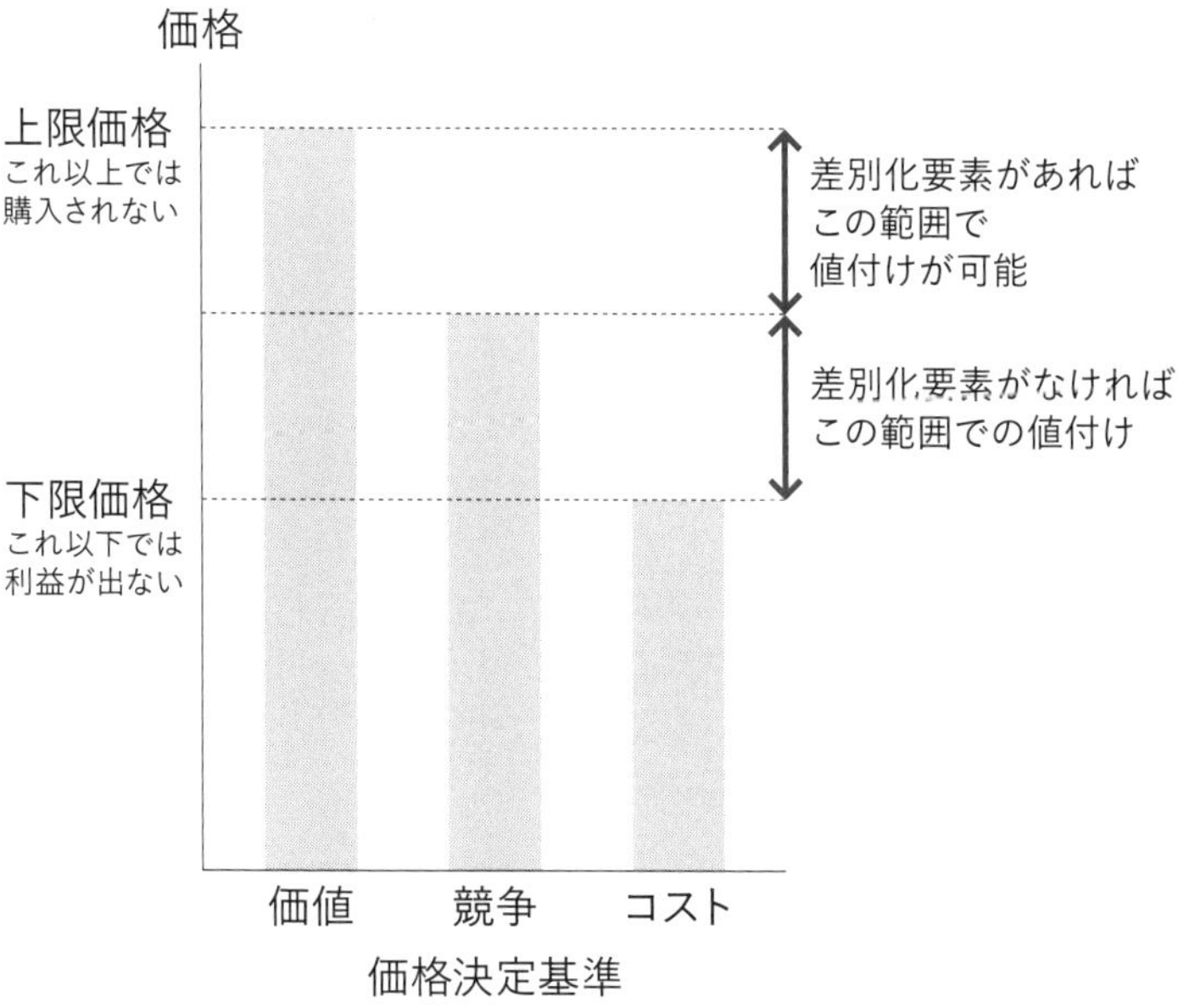
価格
上限価格
これ以上では
購入されない
下限価格
これ以下では
利益が出ない
差別化要素があれば
この範囲で
値付けが可能
差別化要素がなければ
この範囲での値付け
価値
競争
コスト
価格決定基準

スでの値付けがベースになる。

クルマの世界を例にとると、コンパクトカーやミニバンなどは価格が購買決定要因(KBF：Key Buying Factor)の一つとして、とても重要になる。車種、グレードによって装着されている機能、仕様がことなるため、それらの市場評価額の積み上げがベースになるが、最後には値頃感がないと売れない。機能も仕様もてんこ盛りなので高い値段を設定する、という筋書きは成立しづらい。普及のためには競合他社の仕様や値段をウォッチしながら、クリティカルマスの境界線を超えないよう価格をコントロールすることが必要なのである。

一方で、レクサスの最上級モデルや日産のGT－Rなど、フラッグシップやスポーツカーは、仕様の市場評価額よりもブランドの価値の方がはるかに重要となる。第6章で取り上げた顧客価値のピラミッドにある情緒的価値、自己表現価値をきちんと価格に取り込む、ということである。なお、ブランドの価値はどうすれば正確に定量化できるか、という相談をお受けすることも多い。もちろんトライアルアプローチでその価値を定量化することもあるが(数学)、原則としては創造するものである(アート)。

フェラーリのように、希少性の観点から意図的に供給を絞り、「需要マイナス1台」を生産することで、欲しくても手が届きにくいブランド、プレミア感を醸成する。ナイキのように、身につけるとパフォーマンスが向上する、スポーツでもタウンユースでも使えるスタイリッシュなデザインで高くてもほしいと思ってもらう。これがブランドの力（価値）になるのである。

## 売り手と買い手の均衡点

商品・サービスの価値に主眼を置いた**バリューベースのプライシングは、売り手目線のバリューと、買い手目線のバリューの均衡点で決まる。**どちらか一方の都合や理屈だけで値付けを行うと、売れない、利益が出ない、という落とし穴にはまってしまう。

売り手の都合

・コストは回収したい。
・一定の利益率を確保したい。
・仕様の市場価値は正当に評価されるべき。
・ブランドの価値を価格に転嫁させたい。
・ラインナップ全体における各商品の位置づけ、市場攻略の戦略を価格に反映させたい。
・モデルライフでの収支の考え方を反映したい。

図表24
**バリューベースプライシングの神髄**

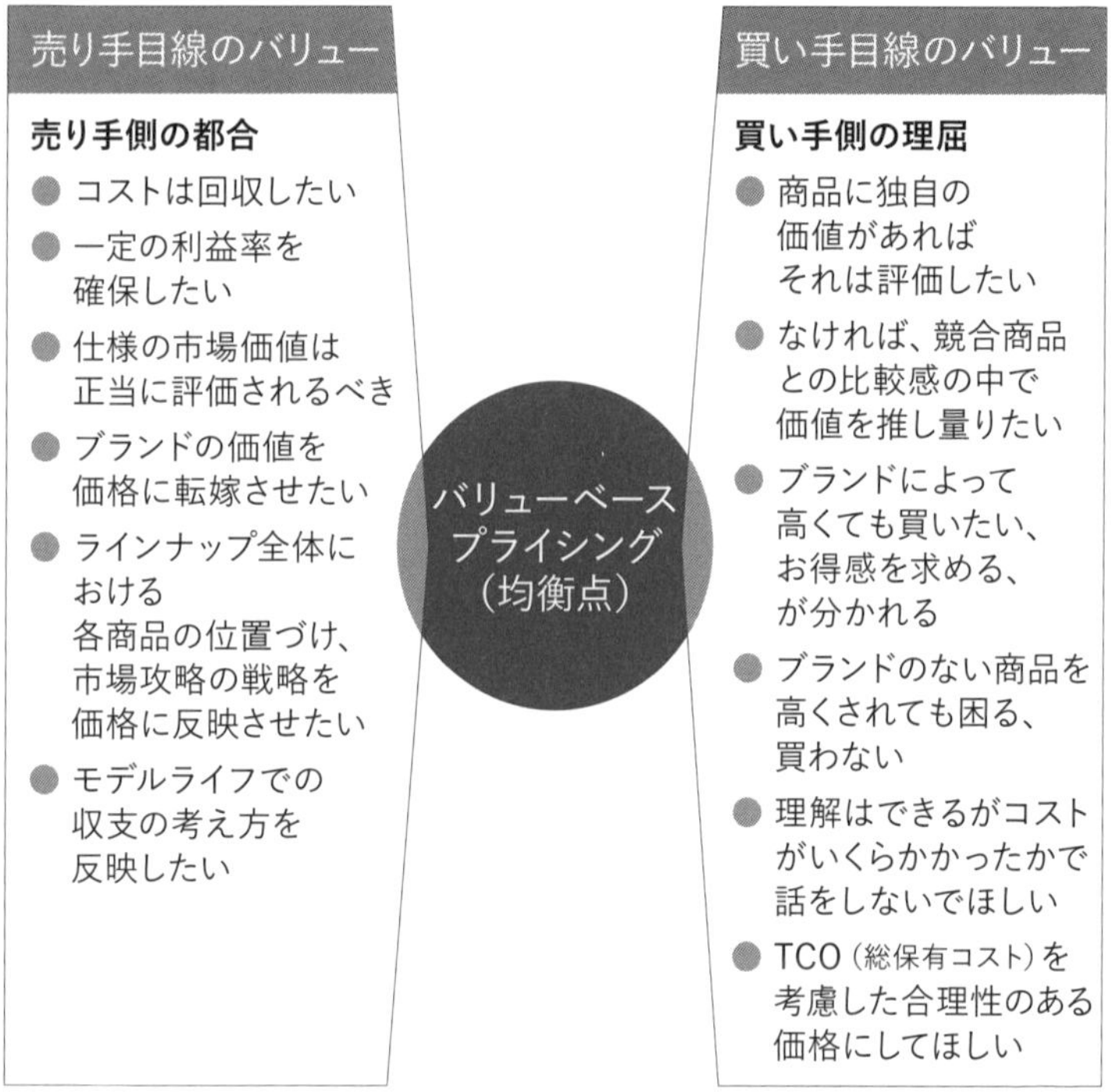
売り手目線のバリュー
売り手側の都合
コストは回収したい
一定の利益率を確保したい
仕様の市場価値は正当に評価されるべき
ブランドの価値を価格に転嫁させたい
ラインナップ全体における各商品の位置づけ、市場攻略の戦略を価格に反映させたい
モデルライフでの収支の考え方を反映したい
バリューベース
プライシング
（均衡点）
買い手目線のバリュー
買い手側の理屈
商品に独自の価値があればそれは評価したい
なければ、競合商品との比較感の中で価値を推し量りたい
ブランドによって高くても買いたい、お得感を求める、が分かれる
ブランドのない商品を高くされても困る、買わない
理解はできるがコストがいくらかかったかで話をしないでほしい
TCO（総保有コスト）を考慮した合理性のある価格にしてほしい

買い手の都合
・商品に独自の価値があればそれは評価したい。
・なければ、競合商品との比較感の中で価値を推し量りたい。
・ブランドによって高くても買いたい、お得感を求める、が分かれる。
・ブランドのない商品を高くされても困る、買わない。
・理解はできるがコストがいくらかかったかで話をしないでほしい。
・TCO（総保有コスト）を考慮した合理性のある価格にしてほしい。

実際の均衡点については、商品・サービスによって価格の弾力性がちがうため、それを探りながらピン留めする。または顧客調査によって商品・サービスの支払意思額（WTP：Willingness to Pay）や市場で許容される上限価格、下限価格を探索していく。

また、価値に対する支払意思額は、ターゲット顧客とそれ以外の顧客（市場全体）とでは異なる。ターゲットを絞り込めば込むほど、上限価格と下限価格の幅が狭まるのが一般的だ。どの顧客層まで手に取ってほしいと考えるかで値付けの考え方を変えねばならない。B2CとB2B、同じB2Bでも民間と行政では幅が変わってくる。

図表25
**市場全体とターゲット顧客**

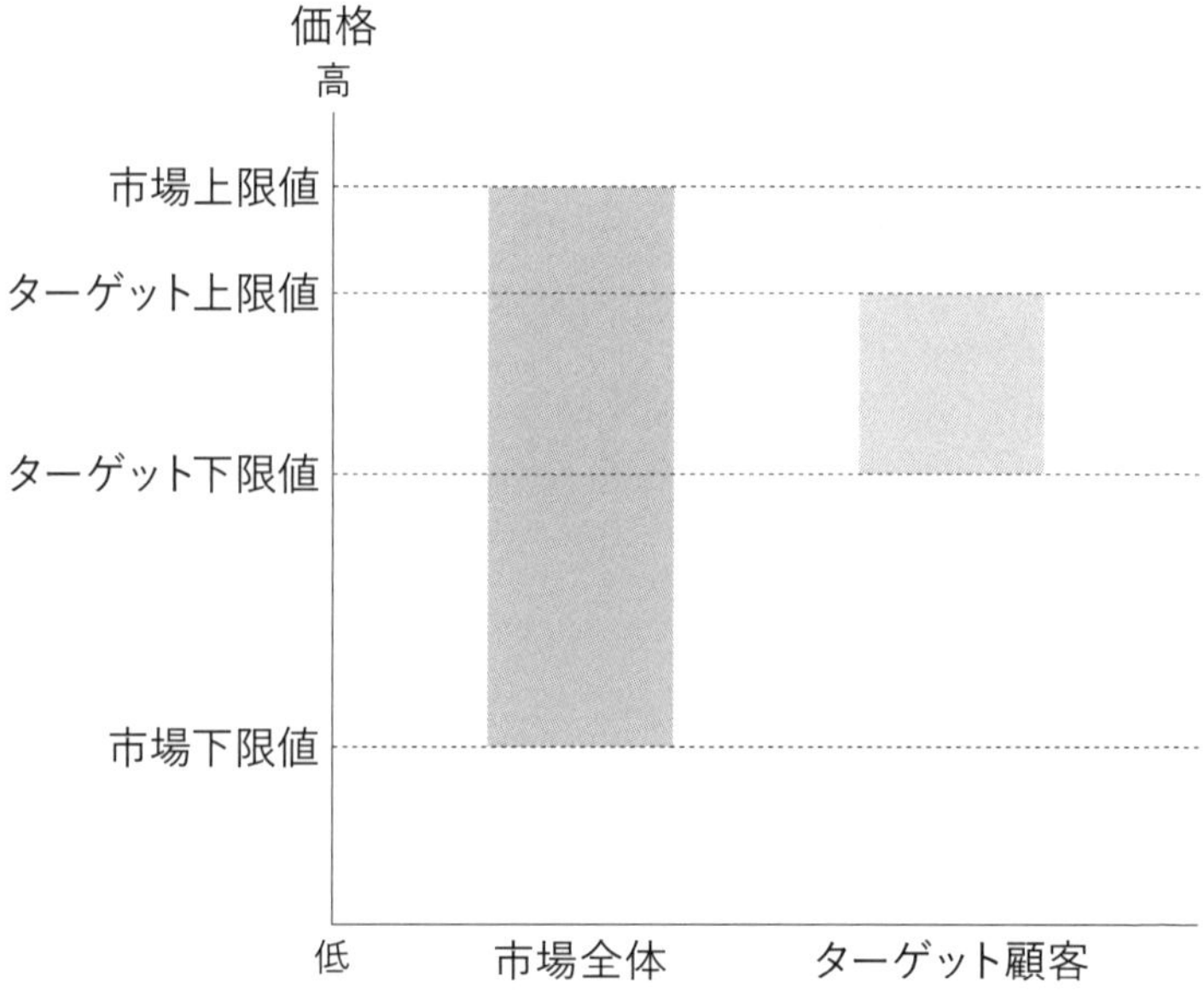

# 経営戦略との連動性

## 市場ポジションとプライシング

市場における競争ポジションによって、プライシングの基本方針は異なる、ということを忘れてはならない。コトラーの競争地位別戦略では、マーケットシェアが高いプレイヤーから順に、リーダー、チャレンジャー、フォロワー、ニッチャーに分類される。

市場シェア1位のリーダーは、いまの市場でのポジションを維持しつつ、きちんと製品・サービスの価値を価格に反映し、利益率を高める努力をするのが定石だ。

市場の二番手、三番手に位置するチャレンジャーは、多くの場合、リーダーからシェアを奪うことを考えているだろう。その場合、価格はリーダーの水準を意識しつつ、シェア奪取につながる意欲的なレベルに設定し、数量を伸ばす努力をする。リーダーとは製品・サービスを差別化しつつ、利益率はなるべく下がらないよう維持したいところである。

ニッチャーはシェアこそ高くはないが、特定の領域ではユーザーから最も高い支持を得ている企業のことである。この場合、無理に数量やシェアの拡大を追うのではなく、製品・サービスの価値に見合った正当な価格を設定することで利益率を向上させ、さらなる価値向上に投資をするのが勝ちパターンである。

それ以外のフォロワーは、生き残りをかけて生存利潤を確保するのが基本方針である。もちろん市場シェアを上方シフトさせたいと考える企業も存在するが少数派だ。生存利潤を確保する場合、競合他社の価格やコストを考慮しつつも、自社の目標とする利益水準を割らないようコストのマークアップで価格を設定する。もし製品・サービスの差別化に成功すれば、その分、利益率を改善できるポジションに価格を調整する。

このように、**利益を追うか、シェアを追うかは市場での競争ポジションによって変わる。事業や製品・サービスごとに、いまはどちらを取りに行くステージなのか、経営指標との連動の中でプライシングの基本スタンスを決めたいところである。**

なお、リーダーやニッチャーはバリューベースでの値付けといえども、常に値頃感を意識する姿勢を大切にしたい。というのも取引は人間が行うものである。価格に対する納得感、信頼感、満足度も大切だ。そのため、希少性を高めたいようなハイブランドを

図表26
**マーケットポジションとプライシング**

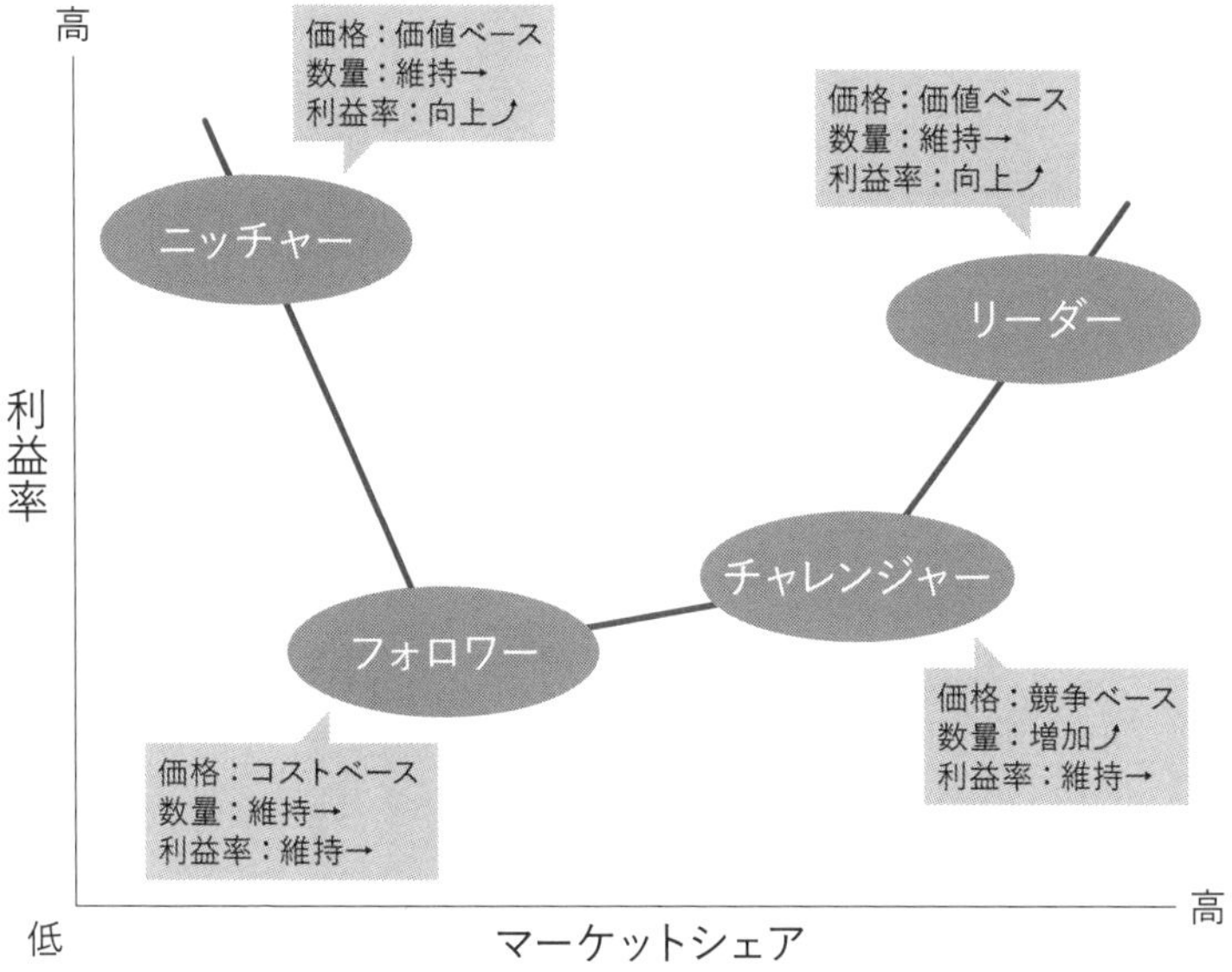

除き、バリューベースの上限ぎりぎりの目一杯のプライシングよりは、わずかでも値頃感を醸成できるポジションに設定すると需要創造が果たせる。特にリーダーは値頃感が落とし穴となってチャレンジャーに足元をすくわれないようにしたい。

## ライフタイムバリュー

第2章の典型的なＢ２Ｂのプライシングの中で、ライフタイムバリュー（ＬＴＶ）について言及した。ＬＴＶとは、顧客生涯価値と訳される。個々の顧客が取引の継続期間中にもたらす収益の総額、という意味だ。ＬＴＶを向上させることは、売上にも利益にも長期的なメリットを与える。経営イシューの一つとしてどうプライシングに活かすかを考え、値決めの視点に取り入れたい。

図表27をご覧いただきたい。クルマを例にすると、ＬＴＶは車両本体、オプション品、サービス（定期メンテナンス、車検など）、部品、保険、ソフトウェア（テスラのＯＴＡによるソフトウェア課金など）に分解できる。顧客にクルマ本体を購入してもらえれば、その先、サービス、部品といったかたちで接点が継続していく、というイメージだ。

基本的なアプローチとしては、それぞれの車種のモデルライフ（次のモデルチェンジ

図表27
**ライフタイムバリュー**

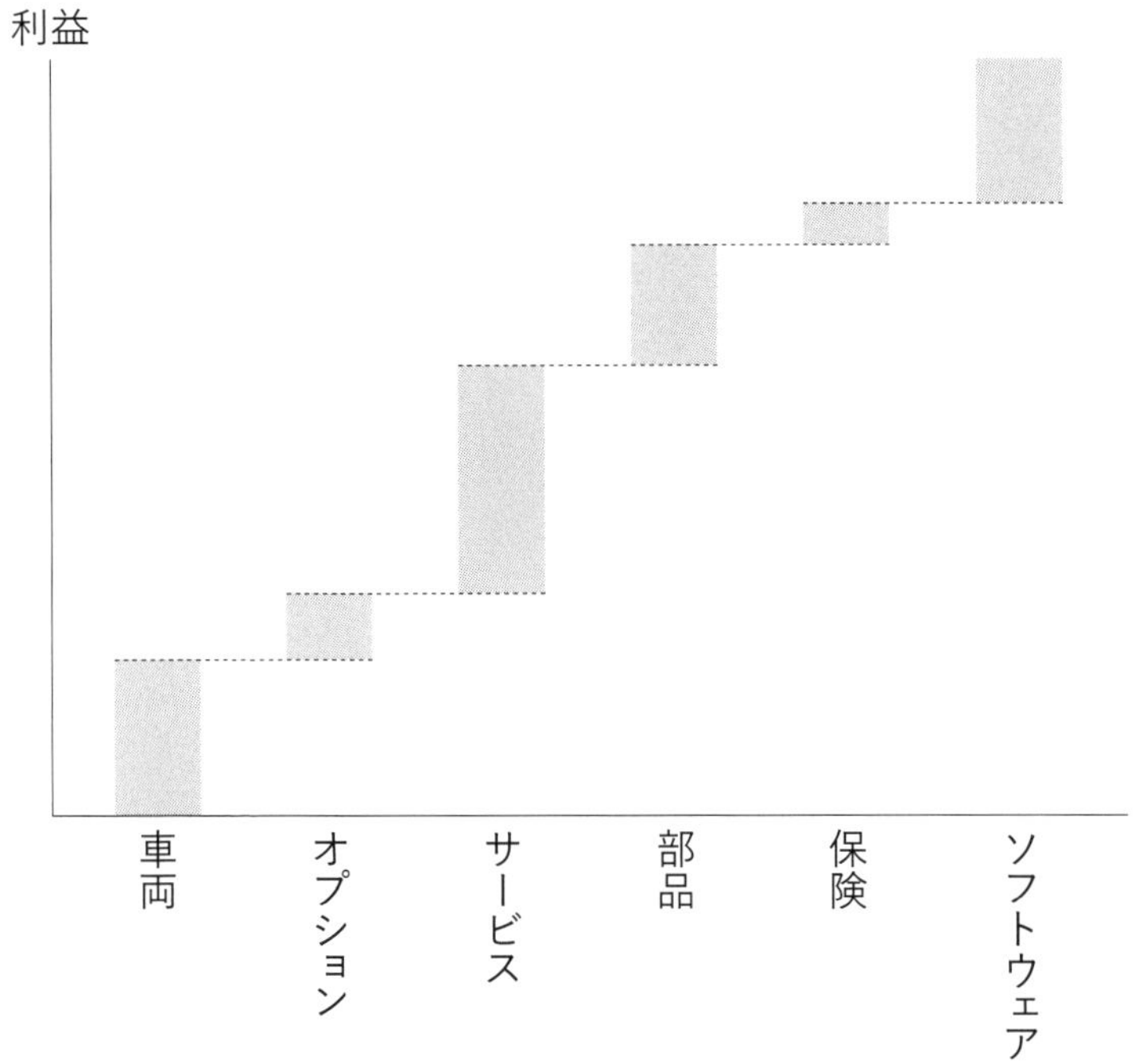

までのあいだの期間）でどれくらいの利益を上げるかの計画を、ＬＴＶの構成要素別にブレイクダウンする。その中で、新車販売で取るべきマージン、サービスで取るべきマージンはいくらかを算定する。その際、販売店や販社のマージン政策も絡めると有効だ。

ただし、国やエリアによっては、クルマを販売したら、二度と販売店には来ずに、サービスや部品での収益が期待できない、というケースもある。新興国はサードパーティーのサービサーや部品商が市場に乱立しているためそうなりやすい。そのため、販売からサービスへのコンバージョンレート（顧客転換率）を見ながら、妥当な利益計画の割り振りを考えなければならない。

その際、市場によって自社のシェアや競争力がことなる中、まずは新車を薄利にして保有を増やすことを重視すべきフェーズもある。また、**量を稼ぐ車種（売れ筋）、利益を稼ぐ車種（売り筋）など、ラインナップによって位置づけが変わることも多い。そのため、市場や車種によってどのようなＬＴＶの考え方を採用するか、ある程度全社で統一の考え方を持っておく必要がある。**

機能分化の縦割り組織の場合は落とし穴もある。営業部門は新車販売のことだけ、サービス部門はサービス売上のことだけ考えていると、それぞれがばらばらに理想のマージンを乗せ、結果的にどこを切り取っても高マージンのメリハリのないプライシングになってしまう。クルマは高い、サービスも高い、部品も高い。高級車ブランドではない限り、そういった状況では、顧客は魅力を感じないだろう。どこは先行投資で、どこで儲けるか。ビジネスモデルの設計と合わせてプライシングの位置づけを考えなければならない。

第2章のくだりでも述べたが、場合によっては、エントリーグレードは初回購入の敷居を下げる役割として市場浸透をより優先させ、その後、サービスとソリューションで囲い込み、次に一つ上のグレードを購入してもらう、という絵を描くなど、顧客との付き合いを長い目線で捉えることも必要である。

## 高機動のガバナンス

B2Bの取引では、会社全体として、価格の統制をどう図っていくか、ガバナンスが非常に重要なイシューとなる。例えば、営業部門が主体となって価格を決めている会社は黄色信号だ。営業は足元の数字で評価されるケースがほとんどであり、非常に短期目線だ。そのため、受注のペースが下がってくると、基準価格や利益目標を無視してディスカウントを多投しやすい。ディスカウントが常態化してしまうと、年々その割合が肥大化し、簡単には解消できない。**ほとんどの値下げが顧客からの要望ではなく、こちらから提案したものである**というのは本章でも既に述べた通りである。

ただし、長年の間に身体に染み付いたディスカウントとはいえ、改善することはそれほど難しいことではない。取引先も決して私たちに損をさせてまで買いたたこうとしているわけでも、戦いを挑んでいるわけでもないのだ。私たちがそこに問題意識を持って改善しようとするか、しないかだけの話である。

そこでまずは、実態として、ディスカウントの目的や条件、額の大きさを把握したい。ディスカウント・ポリシーが定められている場合は、その内容を確認する。明文化されているかいないかはさておき、多くの場合はディスカウントの方針に関して、論理的に根拠を説明できる営業はいない。前任から引き継いだ、会社のルールだと思っていた、など内容に疑問や問題意識すら持っていない。多段階のボリュームディスカウントのテーブルがあったとして、もう少し階段の数を減らし、レートを下げる、商品・サービスごとに用意する、そういった工夫を営業の中で議論し、トライアンドエラーでポリシーを精緻化していく。

次に、それぞれのディスカウントを効果の有無で選別する。**価格を理由に取引が成立**

**していないもの、効果がないものは打ち切る。**ここでは感覚的な議論ではなく、客観的なファクトで価格が理由になっているかを確認する。お客様満足度アンケートなどで、商品の内容、アフターサービス、担当者の対応、価格、といったいくつかの項目を提示し、その中で価格がどう見られているか、確認するのも手である。どうしても価格勝負になって利益が出ないところは降りる。長期契約で毎年比前年マイナス○%といった購買の値下げ要請に付き合っているところは交渉に持ち込む。そのような取り組みにつなげていきながら、会社として、高機動でガバナンスを効かせられる体質に転換していくことが何よりも重要だ。

また、インテルのようにディスカウントではなく、マーケティングファンドを用意して、製品自体の価格には極力触れないという工夫も効果的である。弊社も流通・小売業向けのシステムを提供しているが、それもディスカウントではなく、トランザクション量に応じた成果報酬のような契約形態で運用している。ディスカウントは単発で一時的な取引関係になりやすい。そこから脱して、長期的な取引関係に切り替える、そういった価値の見せ方も考えたい。

高機動のガバナンスを効かせていく上で、ぜひ作成したいチャートがある。それが図表28である。これは、各商品・サービスの取引における最高価格、最低価格、その販売比率を示したものである。

**この幅がなぜ生まれているのか、最高価格で販売できている営業はどういう工夫で高く売っているのか、逆に最低価格の取引はなぜそうなっているのか。**販売チャネル、エリアなどによって傾向が出る場合も多い。そのポイントや原因を分析し、社内でベストプラクティスとして共有することで、安い価格で取引が成立しているところを少しでも高い値段にシフトさせていく。販売価格だけでなく、利益率版を作成するのもとてもよい。価格は高いのに利益率が低い、といった場合は、リベートが多すぎるなど、その原因も可視化する。

いずれも毎月や、四半期ごとにチャートを更新するなどし、継続的なＰＤＣＡにつなげていくことがポイントである。積極的に活用いただきたい。

図表28
**取引価格の分布図**

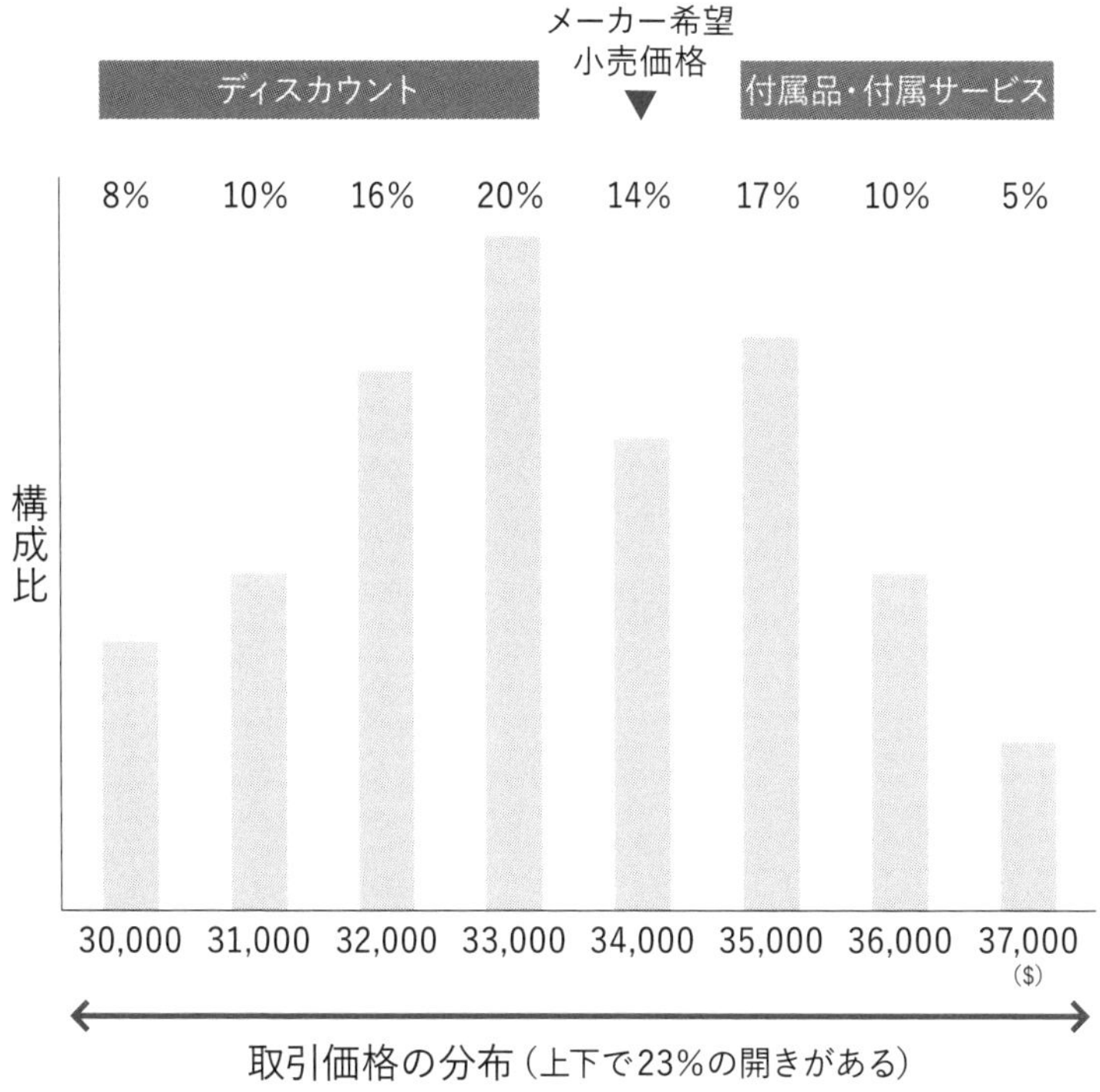

# 原価企画

## 上流と下流

従来の原価企画とプライシングでは、上流（開発側）と下流（マーケティング側）が非連動なことが多い。つまり、上流側では独自のストーリーで企画数量を設定し、想定販価、標準原価を「エイヤ（ざっくりとした感覚）」で仮置きする。その後、MSRP（メーカー希望小売価格）は製品スペックが確定してから、下流側で販売目標や商品性（仕様の市場評価額）、競合仕様・価格を勘案しながらエイヤで設定する。ともに値付けがエイヤであり、かつ連動していないことで、製品開発時に想定していた数量や利益が出ず、早期に製品が廃止になってしまったり、赤字を垂れ流す製品が上市されてしまうこともある。

**理想の原価企画とプライシングは、上流と下流が連動しており、確実に利益が出る商品を世に送り出せている状態。**すなわち、上流の原価企画の際に想定された販価が、下

**図表29**
**理想的な原価企画とプライシング**

従来の姿

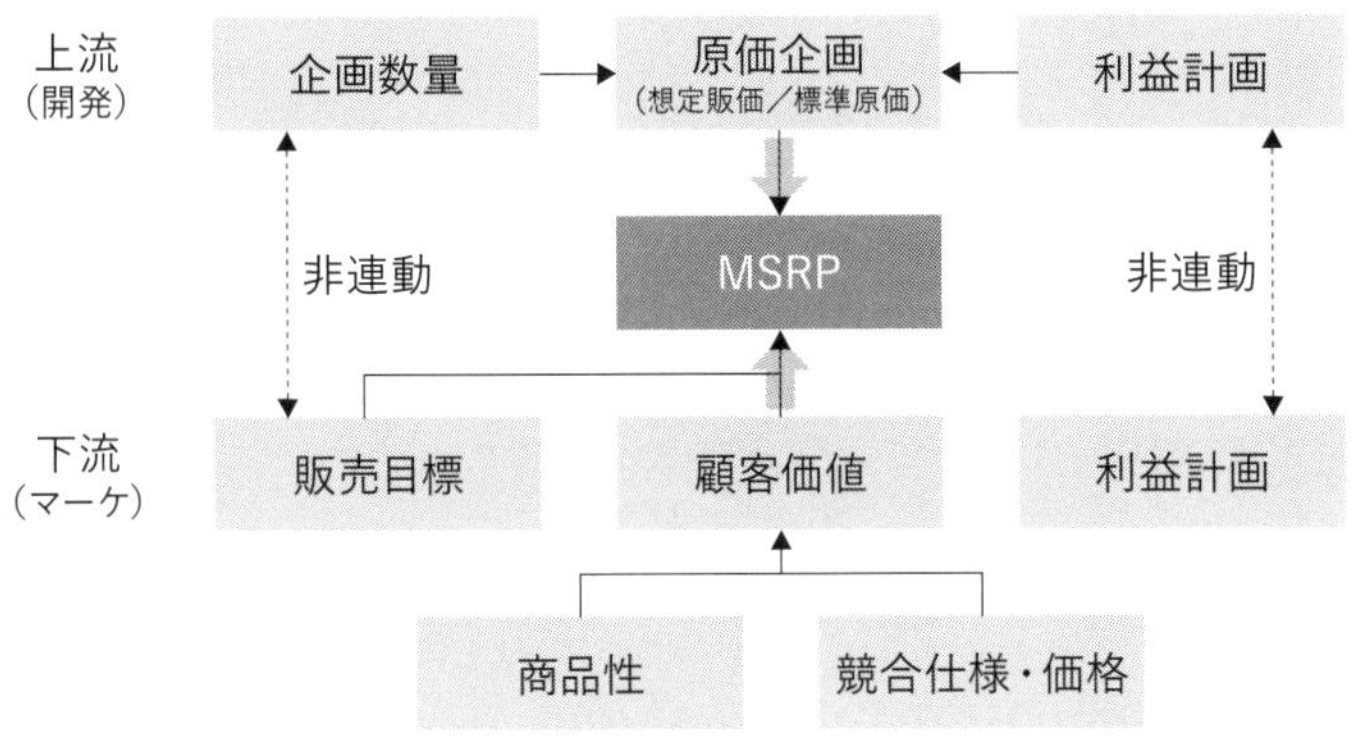


理想の姿

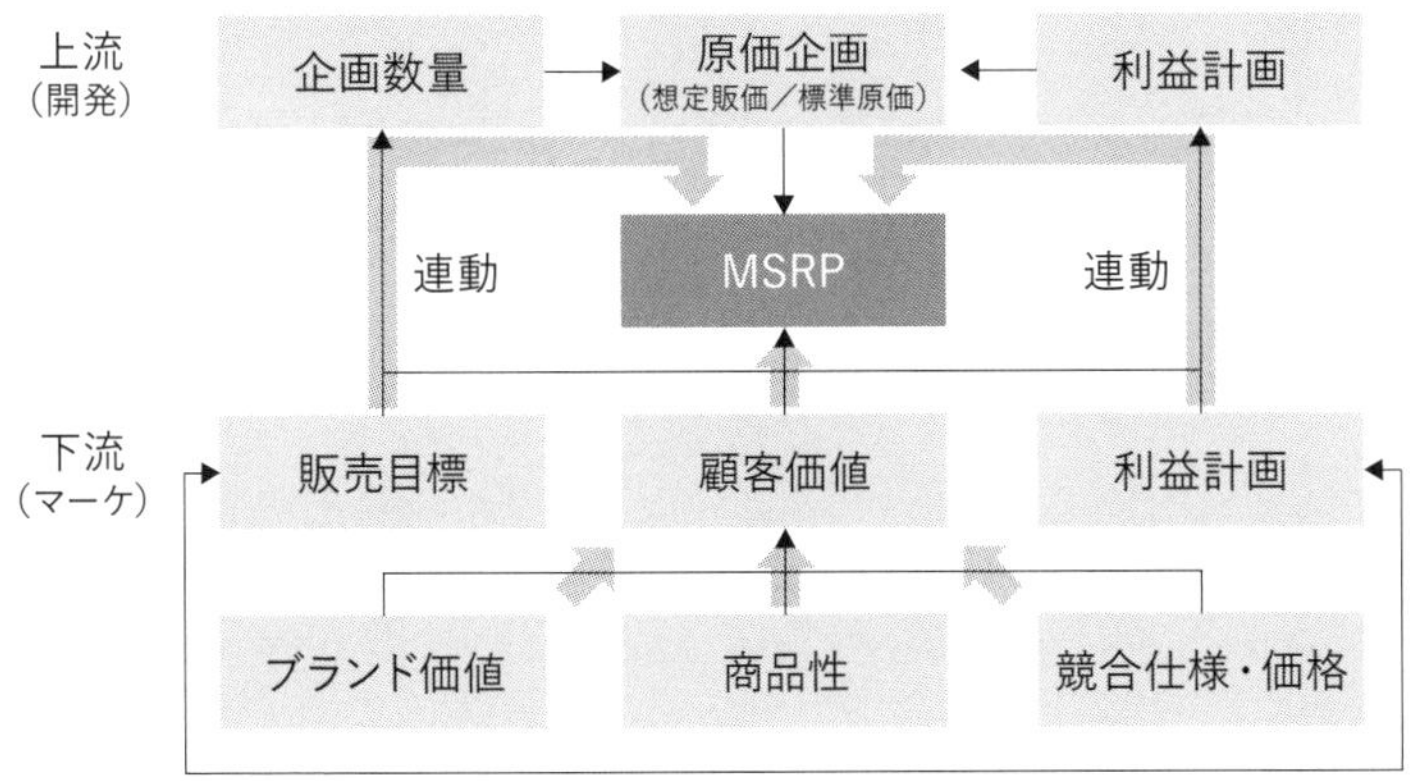

流の利益計画や販売目標といった事業計画と整合性がとれている。また、価格自体もエイヤではなく、自社のブランド価値、商品性、競合の仕様・価格のあいだで顧客価値が定量化され、実際に商品を手にするユーザーが知覚する価値と近似する値になっていると、オペレーショナル・エクセレンスが高い状態といえる。

## 限界と対応策

原価企画を製品企画段階で開始し、緻密な利益の計算をしても巨艦企業の場合は難しさが残る。原価企画時に想定していた標準原価と実際原価に乖離が出るのだ。これは無理もない。大手のメーカーを想像すればわかりやすいが、大企業では特定の商品の原価を下げるような企画をしても、工場の人員、建屋、設備を急には減らせない。労務費も製造経費も下がりづらい。そのため、原価企画時の見積原価にプラスで間接費がのってくるのである。大企業になればなるほど、実際のキャッシュの動きで原価企画を行わなければ、製品の利益を的確に掴むことはできない。この差で薄利の商品は赤字に転落することもあるため注意したい。

キャッシュの動きを正確に捉えられない場合は、第3章で紹介したブリヂストンのマーケットマイナスのアプローチも参考にしたい。先に市場で受容され得る価格帯を探索し、小売店の利益、代理店のマージン、メーカーの利益を差し引いて、原価のターゲットを固定する。これを標準原価に設定して開発を進め、品質検査などの工数増で利益率が悪化した分は、VE（バリュー・エンジニアリング）とVA（バリュー・アナリシス）で利益を創出する活動を行う。

いずれにしても**原価企画時の計画と実際原価の差異が発生した場合はその原因を分析し、開発工程や製造工程にフィードバックしながら、確実に利益を生み出せる商品を世に送り出せるよう、原価企画のプロセスを継続的に改善していくことが重要である。**

# B2Bプライシングの流儀

## 「意識」「価値」「手札」「交渉」を駆使する

第1章から第7章にかけて、値上げの恩恵、典型的なB2Bのプライシングと陥りがちなケース、12業界の成功事例、B2Bの値上げの秘訣、プライシングで経営を動かす、へと話を進めてきた。その中で、「意識」「価値」「手札」「交渉」の4つの課題の中身とそれらの解決の仕方を解説した。

本書の内容を総括するかたちで、それぞれのポイントをキーワードベースで図表30に列挙した。ダイジェストとしての振り返りに活用いただければ幸いである。

冒頭の繰り返しになるが、本書は、拙書『プライシングの技法』では十分に触れられなかったB2Bの商品・サービスの値付けを中心に解説した。B2Bの値決めは、企業間の力関係や取引量、価格交渉が絡むため、B2Cよりも複雑で考慮すべきことも多い。

取引先によって売り方や交渉の仕方を工夫する必要があり、正解をパターン化しづらいが、特殊なスキルが求められるわけではない。

本書で取り上げたポイントを押さえ、それを実行する社内の体制を整えることができれば、明日からでも利益アップにつながる値付けを実践できる。よりよい企業経営、よりよい未来社会の実現に向けて、ぜひ経営層からマーケティング担当、価格担当が一丸となり、プライシングのオペレーショナル・エクセレンスを高める活動を推進いただきたい。

## 価値

- 価値創造がすべての起点
  → 3つの壁、1丁目1番地で1位をとる、継続的な振り返り
- ニーズではなくウォンツを満たす
  → 必要なものと欲しいもの、ブランドのステータス
- 一点もので勝負する
  → 上流で握る、提案営業、エンドユーザー目線での価値創出
- QCD＋E
  → 短納期と特急料金、汎用品と特注品、環境価値
- 足し算から引き算へ
  → ミニマムバリュープロダクト、アジャイル開発

## 交渉

- ストーリーとコミュニケーション力
  → 相手の心を動かす、価格ではない次元、人を主語にする
- 松竹梅の法則を応用する
  → 見せ球とおとり、一回上に振ってみる、アンカリング
- レイヤーを上げる
  → 経営層と現場の団体戦、相手の手の内を知る
- 相手の利害に焦点を当てる
  → 相互利益の達成、バッファのある設計、探り合いをなくす
- 時間と譲歩
  → 決断が早いことは不利、交渉を仕掛ける順序

## 図表30
## B2Bプライシングの流儀

### 意識

- プライシングは経営者の仕事
  → 脱・値下げスパイラル、利益中心の経営、トップの号令
- 対話の場
  → 臆さない怯まない、アンメットニーズ解消、御用聞き撲滅
- 価値の見極め
  → 定量化と創造、売り手と買い手の均衡点
- 経営戦略との連動性
  → ブランド戦略とマーケティング戦略の整合性、人材育成
- 原価企画
  → 上流と下流の連動、マーケットマイナス、末端価格

### 手札

- バンドリングを駆使する
  → マネージドサービス、丸抱えソリューション、ワンパッケージ
- 敷居を低くする
  → 効果を売り込む、実質無償の成果報酬、セカンドライン
- 固定費化と変動費化
  → サブスクとリカーリング、win-winのモデル
- フックによるロックイン
  → スイッチングコストを高める、有償と無償の使い分け
- 売るシーンを考えて値付けする
  → オケージョンと価格、商いの知恵、一物多価

# 第7章のまとめ

○プライシングは経営者の仕事である。ミキハウスの木村社長は、誰かの幸せが連鎖するものは必ず成功する、という信念のもと、マーケットの中から勝てる領域を見つけ、付加価値の高い商品、それに見合った値付けを徹底。マーケティングのSTPと4Pの整合性をとり、お客様にも社員にも説明しなくてもミキハウスというブランドがどういうものであるか浸透させた。それにより、ブランドという無形資産に価値が宿り、商品の機能的な価値に上乗せして、情緒的な価値も価格に転嫁できている。

○B2Bの製品・サービスはB2Cとは異なり、お客様、取引先が、「衝動買いをしない」「理屈を伴う」「リスクにも敏感」という側面がある。そのような中で相手の購買の意思決定を促すには、話の積み重ね、つまり対話が重要である。その際、値上げに怯まない。値上げの交渉をしたことがないのに最初からできないと決めつけない。交渉のストーリーを用意し、定期的に対話を行う場を持つことが大切である。

○アンメットニーズ。満たされていないニーズという意味の言葉だ。B2Bの取引では、相手との対話の中で、アンメットニーズをいち早く掴み、提案の差別化要素として取り込むことが大切。アンメットニーズを満たす提案は製品・サービスの内容に依存せずにできる価値創造であり、価値に見合った価格で製品・サービスが受容されるか否かの鍵を握っている。

◯企業一社の中でも差別化された価値があり、競争優位性の高い商品・サービスと、そうでないものが混在する。前者は価値ベース、そうでない商品は競争またはコストベースでの値付けがベースになる。価格が購買決定要因の一つになるものは製品の機能や仕様を市場評価額で定量化して値段を設定する。普及のために競合他社の仕様や値段をウォッチしながら、クリティカルマスの境界線を超えないよう価格をコントロールすることが必要。一方で、フラッグシップの製品はブランドの価値の方が重要。ただし、ブランド価値の評価は難しい。トライアルアプローチでその価値を定量化することもあるが（数学）、原則としては創造するもの（アート）。

◯商品・サービスの価値に主眼を置いたバリューベースのプライシングは、売り手目線のバリューと、買い手目線のバリューの均衡点で決まる。どちらか一方の都合や理屈だけで値付けを行うと、売れない、利益が出ない、という落とし穴にはまってしまう。実際の均衡点については、商品・サービスによって価格の弾力性がちがうため、それを探りながらピン留めする。または顧客調査によって商品・サービスの支払意思額（ＷＴＰ）や市場で許容される上限価格、下限価格を探索する。

○市場における競争ポジションによって、プライシングの基本方針はことなる。市場シェア１位のリーダーは、製品・サービスの価値を価格に反映し、利益率を高める努力をする。２番手、３番手のチャレンジャーは、リーダーの価格水準を意識しつつ、シェア奪取につながる意欲的なレベルに設定し、数量を伸ばす努力をする。ニッチャーは特定の領域ではユーザーから最も高い支持を得ており、無理に数量やシェアを拡大させず、製品・サービスの価値に見合った正当な価格を設定する。それ以外のフォロワーは、生き残りをかけて生存利潤を確保するのが基本方針。

○ライフタイムバリュー（ＬＴＶ）は顧客生涯価値と訳され、個々の顧客が取引の継続期間中にもたらす収益の総額、という意味。ＬＴＶを向上させることは、売上にも利益にも長期的なメリットを与える。経営イシューの一つとしてどうプライシングに活かすかを考え、値決めの視点に取り入れたい。

○Ｂ２Ｂの取引では、会社全体として、価格の統制をどう図るか、ガバナンスが非常に重要。ディスカウントが常態化すると、年々その割合が肥大化し、簡単には解消できない。ディスカウントの目的や条件、額の大きさを把握し、効果がないものは打ち切る。高機動でガバナンスを効かせられる体質に転換することが何よりも重要。

◯従来の原価企画とプライシングでは、上流（開発側）と下流（マーケティング側）が非連動なことが多い。上流側では独自のストーリーで企画数量を設定し、想定販価、標準原価をエイヤで仮置きする。ＭＳＲＰ（メーカー希望小売価格）は製品スペックが確定してから、下流側で販売目標や商品性、競合仕様・価格を勘案しながらエイヤで設定する。ともに値付けがエイヤであり、かつ連動していないことで、製品開発時に想定していた数量や利益が出ず、早期に製品が廃止になってしまったり、赤字を垂れ流す製品が上市されてしまう。理想は、上流の原価企画で想定された販価が下流の利益計画や販売目標といった事業計画と整合性がとれ、確実に利益が出る商品を世に送り出せている状態。価格自体もエイヤではなく、自社のブランド価値、商品性、競合の仕様・価格のあいだで顧客価値が定量化され、実際に商品を手にするユーザーが知覚する価値と近似する値になっていると、オペレーショナル・エクセレンスが高い状態といえる。

## おわりに　ビジネスは価値の等価交換

日本では高度経済成長期をきっかけに定価制度が定着したといわれる。当時は百貨店をはじめ、店舗に大勢のお客様が訪れ、一人ひとりと価格を交渉する余裕はなかった。そのため、商品に値札を付け、価格に満足したお客様が自分で商品をレジまで運ぶセルフサービス型の接客スタイルが広く浸透したのだ。これにより店舗側はトランザクションを効率化でき、収益性が高まった。

しかし、このような定価制度に慣れた日本の経営者や営業現場は交渉力を失い、商いの知恵を忘れてしまった。お客様と価格交渉をした経験がなく、値段を下げる以外に売り方を知らない。売る側に交渉力がないことが、いまの日本の「いいものを安く」という慣習に拍車をかけている。

時計の針を巻き戻すと、貨幣が世の中に登場する前は物々交換が原則だった。重たい米俵を運んだ人には、その見返りに米を渡す。運び手は受け取る米の量を交渉する。米俵の重さ、距離、道中のアップダウン、他の運び手の見つけやすさなど、交渉を優位に進める材料を用意する。モノとモノ、モノとサービスの等価交換。そのための交渉が当たり前の世界だった。

ビジネスも価値の等価交換である。相手にとって価値が高いものをつくり出すことができれば、見返りも大きくなる。逆も真なりだ。しかし、いくら価値があっても、それが相手に伝わらなければ無価値である。現在のような高度情報化社会では、必ずしもいいものが売れるのではなく、売れたものがいいものといわれる。いいものをつくるための研究開発に投資するだけでなく、価値を伝える努力も怠らないようにしたい。

「ピカソの30秒」という逸話がある。ある日、彼が街を歩いていたときに彼の大ファンという婦人に呼び止められ、絵を描いてほしいと頼まれた。その申し出を快諾したピカソは、さらさらとスケッチを描き上げた。婦人はとても喜び、いくらならそのスケッチを譲ってもらえるか尋ねると、ピカソは100万ドルと答えた。驚いた婦人はたった30秒で描いた絵が、どうして100万ドルもするのか尋ねると、ピカソはこう答えた。「いいえ30秒ではない。私はこれまでに30年も研鑽を積んできた。だから、この絵を描くのにかかった時間は30年と30秒である」と。

従来の画家は、作品の価値を判断するのは買い手であり、画家が自分で講釈を垂れるべきでない、という固定観念を持っていたが、ピカソはちがった。どんなに短い時間であれ、どんなに安価な素材を使っていたとしても、数十年と積み重ねてきた経験が作品には宿る。芸術の値段は自分の価値と同義。彼はそのことを堂々と自分で発信している。ピカソは優れた作り手であると同時に、優れた伝え手でもあったのだ。

本書でも紹介したストーリーとコミュニケーション力に代表される交渉術。ストーリーにつながる価値創造と手札の設計。その一つひとつがつながると、商品・サービスに相手の心を動かす価値が宿り、価格の上限のバーが外れる。相手は高くてもお金を払ってくれる。自社の商品・サービスに独自の付加価値がある企業は、臆せずに取引先に正当な対価を提示する姿勢を貫きたい。そのためにも会社の文化や見直さなければならないルールもあるだろう。だが、踏みとどまってはいけない。変わること、変わるための提案をおそれず、ぜひ高く手を挙げてみてほしい。改革というのはいつも小さい火種から大きくなっていくものである。

本書がプライシングの魅力と重要性を改めて感じてもらうきっかけとなり、1社でも多くの日本企業の価値創造や経営体質の強化につながれば望外の喜びである。

最後に、本書の刊行にあたっては、多くの方々にご協力をいただいた。『プライシングの技法』に引き続き、本書執筆の機会をいただいた日経BPの赤木裕介氏には深く御礼を申し上げたい。また、本書への助言をいただいた日経BPの石純馨氏、NRIのローレンス ヘール スターリング氏、そして休日返上の執筆が多くなる中、快く集中できる環境を提供してくれた家族にもこの場を借りて感謝の意を表したい。

2023年9月

下 寛和

**下 寛和（しも・ひろかず）**
**株式会社野村総合研究所**
**グローバル製造業コンサルティング部**
**グループマネジャー**
慶應義塾大学卒業後、トヨタ自動車、会計系コンサルティング会社を経て、2014年に野村総合研究所に入社。専門はプライシング、原価企画、SCM、データサイエンス。日経BP『プライシングの技法』、日刊工業新聞や自治体主催のセミナー登壇、PHPや翔泳社への論文寄稿、民間企業の役員研修、大学の特別講師など、対外発表の実績多数。

## プライシング　戦略×交渉術
## 実践・B2Bの値決め手法

---

2023年10月23日　第1版第1刷発行

著　者　　下寛和


発行者　　中川ヒロミ
発　行　　株式会社日経BP
発　売　　株式会社日経BPマーケティング
〒105-8308
東京都港区虎ノ門4-3-12
https://bookplus.nikkei.com

装　丁　　山之口正和(OKIKATA)
本文デザイン　野田明果
本文DTP　朝日メディアインターナショナル
印刷・製本　中央精版印刷株式会社
編集担当　石純馨　赤木裕介

ISBN 978-4-296-07077-0
Printed in Japan